AF591587

CATALOGUE

DES

MONNAIES FRANÇAISES

ET

ÉTRANGÈRES

DE LA COLLECTION DE M. ***

DONT LA VENTE AURA LIEU LE 18 DÉCEMBRE 1854

ET JOURS SUIVANTS

Hôtel des Ventes Mobilières, rue des Jeûneurs, Salle n° 3

PAR LE MINISTÈRE DE

Me BONNEFONS DE LAVIALLE, COMMISSAIRE-PRISEUR

et sous la direction

DE M. ROLLIN, NUMISMATISTE

A FONTENAY-LE-COMTE

CHEZ ROBUCHON, IMPRIMEUR-LIBRAIRE

1854

Chargé par un de mes amis de rédiger le Catalogue de sa Collection, j'ai cherché à remplir ma tâche le moins mal que cela m'a été possible. Quelques séries m'étaient peu familières; aussi, pour suppléer à mon insuffisance, ai-je été obligé quelquefois de suivre les étiquettes qui m'avaient été fournies. Je n'accepte donc pas la responsabilité de toutes les attributions.

Il ne m'appartient pas de faire l'éloge de cette Collection. Je me contenterai de faire remarquer que, par la variété des pièces qu'elle contient, elle pourra satisfaire le goût des amateurs. Ils y trouveront un assez bon nombre de monnaies inédites, beaucoup de pièces rares et recommandables par leur belle conservation, des essais, des piéforts, &c.

J'appellerai particulièrement l'attention sur les numéros 668 et 669, comprenant trente-huit pièces à légendes arabes. J'ai été tout-à-fait incompétent pour les déterminer ; mais je ne doute pas qu'un amateur éclairé n'y trouvât des pièces intéressantes pour la science.

Il en est de même pour les billons noirs des petits dynastes du Brabant compris sous les numéros 587 à 629. Cette série curieuse a l'avantage d'être tout-à-fait inédite. Elle provient d'une découverte faite sur les côtes de la Normandie il y a trois ou quatre ans. La trouvaille est complète, sauf quelques monnaies royales qui en faisaient partie. Cette pacotille jette un jour nouveau sur la numismatique brabançonne au milieu du XIVe siècle, et fait connaître plusieurs monnayages jusqu'ici inconnus.

F. POEY-D'AVANT.

CATALOGUE

DE

MONNAIES FRANÇAISES

ET ÉTRANGÈRES.

MONNAIES GAULOISES.

1. Type et légende des statères de Philippe de Macédoine. Statère d'un beau style. OR.
2. Tiers de statère. Au ℟., deux animaux et un croissant. OR.
3. Autre. Tête à gauche. ℟. Cavalier à gauche. OR.
4. Autre très concave. Au ℟., cheval à droite au-dessus une roue. Electrum.
5. Tête frisée à droite. ℟. Cheval androcéphale. Electrum. (2 pièces.)
6. Autre avec une roue au-dessous du cheval. AR. (2 pièces.)
7. Autres, module du denier, variées. AR. (4 pièces.)
8. Tête. ℟. Génie ailé sur un cheval. AR.
9. Tête casquée à gauche. ℟. Cheval marin. AR. (4 pièces.)
10. Quatre pièces variées. AR.
11. Un denier celtibérien et deux deniers de Marseille. AR.
12. Trois pièces variées des Volces Tectosages. AR.
13. Méridionales. (8 pièces.) AR.

14. Neuf pièces en bronze. Variées.

15. Trente-sept pièces en billon. Plusieurs variétés.

MONNAIES ROYALES.

PREMIÈRE RACE.

16. Bannassac du Gévaudan. Tiers de sol d'or pâle. *Beau.*

17. LAIGIOS EIT. Buste à droite. ℞. VITALL MONI. Croix ancrée. Tiers de sol d'or.

18. Trois triens indéchiffrables. OR.

19. Tête informe. ℞. TT. O dans un carré. AR. (2 pièces variées.)

DEUXIÈME RACE.

CHARLEMAGNE.

20. CAROLVS en deux lignes. ℞. LEM. Denier de Limoges.

21. Même légende. ℞. MEDLO. Denier de Mayence?

22. CARLVS REX FR. ℞. METVLLO. Denier de Melle. (2 pièces.)

23. Même légende. ℞. NARBONA. Denier de Narbonne.

24. GRIMVAL. Tête de face. ℞. DOMS CARLVS. Croix. Tiers de sol d'or.

LOUIS-LE-DÉBONNAIRE.

25. HLVDOVVICVS. IMP. Croix. ℞. TVRONES en deux lignes. Denier.

26. Mêmes légende et type. ℞. NARBONA en deux lignes. Obole.

27. Mêmes légende et type. ℞. METALLVM en deux lignes. Denier. (2 pièces.)

28. Mêmes légende et type. ℟. XPISTIANA RELIGIO. Temple. (4 deniers variés et 1 obole.)

CHARLES-LE-CHAUVE.

29. CARLVS IMP AVG. Croix. ℟. NEVERNIS CIVIT. Monogramme. Denier. (2 pièces.)

30. CARLVS REX. Croix. ℟. CLAROMVNT. Monogramme. Denier.

31. Même légende. Croix. ℟. TOLVSA. Monogramme. Denier.

32. GRATIA D—I REX. Monogramme. ℟. REMIS CIVITAS. Denier. (2 pièces.)

32 *bis*. Même légende. ℟. HCVRTISASONIEN. Denier. (5 pièces.)

33. GRATIA D—I REX. Monogramme. ℟. AVRELIANIS CIVITAS. Croix. Denier. (2 pièces.)

34. Mêmes légende et type. ℟. BLESIANIS CASTRO. Denier. (2 pièces.)

35. Mêmes légende et type. ℟. ATREBAS CIVI. Denier.

36. Mêmes légende et type. ℟. TRECAS CIVI. Denier.

Ces deux dernières pièces sont postérieures au règne de Charles-le-Chauve.

LOUIS-LE-BÈGUE.

37. MISERICORDIA D—I REX. Monogramme. ℟. TVRONES CIVITAS. Croix. Denier. (3 pièces variées.)

38. HLVDOVVICVS. Croix fichée. ℟. LINGONIS CIVITAS. Croix. Denier.

LOUIS III.

39. LVDOVVICVS. Monogramme de Charles. ℟. ARELA CIVIS. Croix. Denier. (2 pièces.)

40. LVDOVVIC en deux lignes. ℟. METALLVM. Croix. Obole.

CARLOMAN.

41. CARLEMANVS REX. Croix. ℟. ARELA CIVIS. Monogramme. Denier.

42. KARLCTP. Dans le champ, RX. ℟. MONTSNAZ. Croix. Denier.

Ce denier d'Autun est bien postérieur au règne de Carloman.

LOUIS-LE-GROS.

43. CAROLVS PIVS REX. Croix. ℟. XPISTIANA RELIGIO. Temple. Grand denier.

EUDES.

44. GRATIA D—I REX ODO. Monogramme de Charles. ℟. AVRELIANIS CIVITAS. Croix. Denier brisé.

45. GRATIA D—I REX. Monogramme d'Eudes. ℟. AVRELIANIS CIVITAS. Croix. Denier. (2 pièces.)

46. Mêmes légende et type. ℟. ANDECAVIS CIVITAS. Croix. Denier.

47. MISERICORDIA D—I REX. Grand monogramme d'Eudes. ℟. BLESIANIS CASTRO. Croix. Denier. (3 pièces.)

48. Mêmes légende et type. ℟. HTVRONES CIVITAS. Croix. Denier.

49. GRATIA D—I RE. Dans le champ, ODO. ℟. LIMOVICAS CIVIS. Croix. Denier. (2 pièces.)

50. ODDO REX FRC. Croix. ℟. TOLOSACIVI. Dans le champ, quatre annelets. Denier.

51. Obole au même type.

Ces quatre dernières pièces sont postérieures au règne d'Eudes.

CHARLES-LE-SIMPLE.

52. CAINONI CASTRO. Monogramme de Charles. ℟. TURONES CIVITAS. Croix. Denier.

53. GDTATIA D—I REX. Monogramme. ℟. PAIIATII MVNOI. Croix. Denier du palais. *Variété inédite.*

54. GRATIA D—I REX. Monogramme. ℟. QVVENTOVICI. Croix. Denier.

55. CARLVS REX. Croix cantonnée. ℟. BLEDONIS. Temple. Denier.

56. CARLVS REX R. Croix. ℟. METALO en deux lignes. (2 deniers et 2 oboles.)

C'est sur la foi de Leblanc que l'on a continué à donner à Charles-le-Simple ces monnaies, qui appartiennent aux comtes du Poitou.

LOTHAIRE, ROI.

57. LOTERIVS REX. Croix. ℟. BITVRICES CIVITAS. Temple. Denier. (5 pièces.)

58. Mêmes légende et type. ℟. BITVRICES CIVIT. Monogramme. Denier.

59. Obole au même type.

60. Autre denier au même type avec LOTERIVS—RI.

Toutes ces pièces de Lothaire sont postérieures au règne de ce roi.

PEPIN D'AQUITAINE.

61. PIPINVS REX EQ. Croix. ℟. METVLLO. Monogramme. *Denier très rare.*

62. PIPINVS REX. Croix. ℟. AQVITANIA en deux lignes. Obole.

CHARLES D'AQUITAINE.

63. CARLVS REX. Croix. ℟. AQVITANIA en deux lignes. Obole.

LOTHAIRE, EMPEREUR.

64. HLOHARIVS IMPAV. Croix. ℟. PAPIA en une seule ligne dans le champ. Denier de Pavie.

LOUIS III, L'AVEUGLE.

65. LVDVVICVS IMPR. Dans le champ, TOR. ℟. VIENNA CIVIS. Croix. *Denier fort rare.*

66. LVDOVVICVS. Croix. ℟. Dans le champ, VI. *Denier très rare.*

HENRI-LE-NOIR, ROI DE BOURGOGNE.

67. HEINRICVS. Croix. ℟. LVCDVNVS. Dans le champ, S. Denier.

HENRI-L'OISELEUR.

68. HENRICVS. Dans le champ, RIX. ℟. VIRDVNI. (4 deniers et 1 obole.)

TROISIÈME RACE.

ROBERT ET ADALBERON.

69. ROBT FRANC RX. Buste de face. ℟. ADALBERO LAD EP. Buste de face. Denier.

HENRI Ier.

70. HANIRICVS REX. Alpha et oméga au bout de deux pals. ℟. PAIVSIVIS CIVITAS. Croix. *Denier très rare.*

71. HAINRCVS REX. Même type. ℟. PAISIVS CIVITAS. Croix. *Obole très rare.*

PHILIPPE Ier.

72. Deux deniers variés d'Orléans.

73. Un denier de Château-Landon.

LOUIS VI.

74. Deux deniers de Paris, quatre d'Arras (2 variétés), deux de Montreuil et un de Péronne. (9 pièces.)

LOUIS VII.

75. LODOVICI REX. Grand lis. ℟. Type des florins. Florin d'or.

C'est sur la foi de Leblanc que l'on donne ce florin à Louis VII. Il est étranger.

76. Un denier de Senlis. *Beau.*

77. Un denier d'Orléans, deux de Paris, un de Mantes, un de Langres, un denier et une obole d'Étampes. (7 pièces.)

PHILIPPE-AUGUSTE.

78. Deux deniers de Saint-Martin de Tours.

LOUIS VIII.

79. Six deniers de Paris.

LOUIS IX.

80. Sept gros tournois en argent.

PHILIPPE III.

81. Une chaise d'or ou demi-masse. OR. *Rare.*

82. Deux gros tournois, un denier et quatre oboles. (7 pièces.)

PHILIPPE IV.

83. Masse ou grand florin. OR. *Très rare.*

84. Demi-masse. OR. *Très rare.*

85. Deux gros tournois, un tiers de gros, trois deniers variés et une obole. (7 pièces.)

LOUIS X.

86. Un gros et sept deniers tournois. (8 pièces.)

PHILIPPE V.

87. Un aignel. OR.

88. Quatre gros tournois. L'un est une variété rare en ce que le chatel est surmonté d'un lis. Un denier tournois. (5 pièces.)

89. Royal ou long-vestu. OR. (2 pièces.)

90. Un gros tournois, cinq demi-gros et un double à la couronne. (7 pièces.)

91. Un gros tournois avec KAROLVS FR. REX. *Variété rare.*

PHILIPPE VI DE VALOIS.

92. Royal. OR.

93. Royal double. OR.

94. Lion. OR.

95. Chaise. OR. *Très belle.*

96. Pavillon. OR.

97. Ange. OR.

98. Huit gros tournois et cinq demi-gros. (13 pièces.)

99. Un gros à la couronne, un gros à la queue, un gros au lis, quatre doubles et un denier. (8 pièces.)

JEAN II.

100. Un florin avec FRANTIA. OR.

101. Royal. OR. (2 pièces.)

102. Écu. OR.

103. Gros tournois. AR. (2 pièces.)

104. Blanc aux sept lis. BILL.

105. Cinq blancs à la couronne (3 variétés), trois blancs au lis, un demi, cinq doubles et six deniers. (20 pièces.)

106. IOHANNES REX. Croix de Bourges. ℟. BVRGENSIS, et, dans le champ, FORTIS sous une couronne. *Inédit.*

CHARLES V.

107. Florin du Dauphiné. OR.

108. Franc à pied. OR.

109. Deux gros tournois et trois karolus. (5 pièces.)

CHARLES VI.

110. Royal ou long-vestu. OR.

111. Aignel. OR.

112. Écu à la couronne. OR.

113. Deux demi-gros tournois, deux gros à la couronne, un karolu et un demi, quatre doubles, un gros du Dauphiné, quatre blancs et un demi-blanc. (16 pièces.)

HENRI V D'ANGLETERRE.

114. Deux blancs et sept demi-blancs. (9 pièces.)

HENRI VI.

115. Un noble à la rose. OR.

116. Un salut au différent du léopard. (Rouen.) OR.

117. Autre à la couronne. (Paris.) OR.

118. Onze blancs. (Plusieurs variétés.)

119. Un demi-blanc au léopard, un double et trois deniers. (5 pièces.)

CHARLES VII.

120. Royal. OR.

121. Trois gros variés et un demi-gros. AR.

122. Sept blancs variés, deux demi-blancs et deux deniers. (11 pièces.)

LOUIS XI.

123. Huit blancs de billon. (3 variétés.)

CHARLES VIII.

124. Écu pour la Bretagne. OR.

125. Huit blancs variés, un double de Bretagne et un hardi. (10 pièces.)

126. Écu aux porcs-épics. OR.

127. Écu du Dauphiné. OR.

128. Six blancs et deux doubles. BILL. (8 pièces.)

129. Quatre blancs de Provence. (2 variétés.)

130. *Gènes.* — Écu au soleil. OR. *Rare.*

131. *Naples.* — . LVDO FRAN REGNIQ NEA PR. Buste à droite. ℞. PERDAM BABILLONIS *(sic)* NOMEN. Écusson. AR.

Cette pièce me paraît une contrefaçon assez maladroite de la pièce véritable.

132. *Milan.* — . LVDOVICVS D . G . FRANCOR REX. Écusson de France accosté de deux lis. ℞. MEDIOLANI DVX ETC. Saint Ambroise assis. *Ducat.* AR. *Très rare.*

133. Mêmes légende et type. L'écu est accosté de deux guivres. ℞. Même légende. Pallium couronné. Gros. AR.

134. Parpaillole au chief nimbé. BILL.

FRANÇOIS Ier.

135. Écu au soleil. OR. (3 pièces variées.)

136. Un teston à la couronne à pointes, quatre testons à la couronne fermée ou chaperon et un demi-teston. AR. (6 pièces.)

137. Dix-sept blancs variés et trois liards. BILL. (20 pièces.)

HENRI II.

138. Un teston au balancier.

139. Cinq testons, dont un à la couronne, et deux demi-testons. (7 pièces.)

140. Soixante-quatre douzains et gros de Nesle.

141. Essai du douzain aux croissants. *Rare*.

142. *Sienne*. — HENRICO II AVSPICE. Croix fleurdelisée. ℟. R . P . SEN . IN MONTE ILLICINO. Louve; au-dessous, 1556. BILL. *Rare*.

FRANÇOIS II.

143. Gros à l'écusson mi-parti France et Dauphiné.

144. Gros à l'écusson mi-parti France et Écosse.

145. Demi avec IAM NON SVNT DVO, &c. dans un cartouche.

CHARLES IX.

146. Écu au soleil. Deux pièces variées aux lettres D et I. OR.

147. Trois testons et un demi. AR.

148. Deux autres testons et un demi. AR.

149. Deux doubles sols parisis, un gros de Nesle et quatre sols parisis. AR. et BILL. (9 pièces.)

150. Quatre douzains variés, dont deux du Dauphiné, et un liard du Dauphiné. BILL. (5 pièces.)

HENRI III.

151. Écu au soleil. Lettre A. OR.

152. Trois francs et trois demi-francs variés.

153. Deux quarts d'écu, deux huitièmes d'écu, deux gros de Nesle et un demi. (7 pièces.)

154. Sept douzains, dont un du Dauphiné, deux liards à l'écusson et au dauphin, deux autres au dauphin et à la croisette, et un denier tournois. (12 pièces.)

155. Piéfort en billon du douzain de 1577. *Rare.*

CHARLES X, CARDINAL DE BOURBON.

156. Écu au soleil. 1594. OR.

157. Un quart d'écu, un huitième, six douzains et deux doubles tournois à effigie. (10 pièces.)

HENRI IV.

158. Neuf quarts d'écu, dont un pour le Dauphiné et trois pour la Navarre, trois huitièmes d'écu, dont deux pour la Navarre. AR. (12 pièces.)

159. Piéfort en argent du quart d'écu de 1607. *Très beau et rare.*

160. Quatre demi-francs, huit douzains, dont deux pour le Dauphiné, quatre doubles tournois et un denier tournois. (17 pièces.)

LOUIS XIII.

161. Écu d'or, demi-écu et demi-louis. OR.

162. Un écu d'or et deux demi-louis. OR.

163. Deux quarts de franc, un huitième et un quart d'écu pour la Navarre. AR. (4 pièces.)

164. Deux quarts de franc, deux huitièmes d'écu, un douzain et trois deniers tournois. (8 pièces.)

165. Un piéfort en cuivre du double tournois, un double tournois et un denier frappés en argent.

166. Écu à effigie, demi, quart et huitième. AR. (4 pièces.)

167. Même série, sauf le huitième. (3 pièces.)

168. Piéfort en argent de la pièce de 12 sous. *Rare.*

LOUIS XIV.

169. Louis d'or, écu d'argent, demi, quart et huitième pour 1644.

170. Louis de 1648, et même série d'argent de 1643.

171. Même série d'argent d'années différentes, trois quarts d'écu à l'ancien type, un liard, un double tournois au grand lis et un denier tournois. (10 pièces.)

172. Type aux huit L couronnés, écu, demi, quart et huitième.

173. Écu et demi au même type.

174. Écu, deux demi et quatre quarts, au même type, sauf qu'au centre la lettre monétaire remplace les lis.

175. Écu, demi et quart au type de l'écusson à palmes.

176. Écu, demi et huitième au type de l'écusson rond sur un sceptre et une main de justice.

177. Écu, demi, quart et huitième au type des trois couronnes.

178. Écu, demi, quart et huitième à l'écusson simple.

179. Même série.

180. Même série.

181. Même série.

182. Deux écus au même type, un écu et un douzième pour le Béarn.

183. Écu, demi, quart et douzième pour la Flandre.

184. Écu et douzième au même type. Autre douzième avec l'écusson placé sur le sceptre et la main de justice. Cette dernière pièce est *très rare.*

185. Trois huitièmes d'écu au type des trois lis cernés de quatre couronnes, un quart, un huitième et deux douzièmes au type du sceptre et de la main de justice en croix. (7 pièces.)

186. Quatre sols en argent, deux variétés en cinq pièces, huit douzains, une pièce de 30 deniers, deux de 15 deniers. (18 pièces.)

187. Trois deniers de cuivre et un quart de denier pour Barcelone.

188. Un demi-écu de Strasbourg.

189. Un huitième d'écu au type des trois couronnes. Une vache au centre. *Variété rare.*

LOUIS XV.

190. Deux écus, un demi et un huitième au type de l'écusson rond.

191. L'écu, le quart et le huitième à l'écusson carré.

192. Même série.

193. Écu aux huit L et aux quatre couronnes. Le quart aux huit L.

194. Deux écus pour la Navarre.

195. Un écu au buste jeune à gauche, deux demi, le quart, le huitième et le douzième.

196. Un demi-écu de Strasbourg, deux pièces de 20 sols et un huitième aux deux L.

197. Deux écus au buste vieilli, le demi, le quart et le huitième.

198. Écu au buste lauré, deux douzièmes et six vingt-quatrièmes. (9 pièces.)

199. Deux sols au buste jeune, un demi et un liard, un sol, un demi et un liard au buste vieilli, deux sols à

l'écusson triangulaire, deux sols des colonies, deux six liards et deux demi, et une pièce de 12 sols des Iles du Vent. (16 pièces.)

LOUIS XVI.

200. Deux louis de 24 livres, l'un aux palmes, l'autre à lunettes. OR.

201. Pièces de 6 francs, 3 francs, 24 sols, 12 sols et 6 sols. AR.

202. Même série.

203. Une pièce de 3 francs, deux de 24 sols et cinq de 12 sols. (8 pièces.)

204. Sol, demi, liard, sol constitutionnel, deux sols de Cayenne, trois sols des Iles de France et de Bourbon, et essai de liard par Droz. (7 pièces.)

205. Écu constitutionnel, le demi, pièces de 30 sols, de 15 sols, deux sols, un sol, deux liards et un liard. (8 pièces.)

206. Même série, moins le sol, le liard et le deux liards. (5 pièces.)

207. Même série. (5 pièces.)

208. Un écu, quatre pièces de 30 sols et trois de 15 sols. (8 pièces.)

209. Louis de 24 livres au coq. OR.

210. Écu de six livres au coq et deux pièces de 30 sols.

211. Autre écu au coq sans exergue.

212. Une pièce de 2 décimes, deux décimes, quatre pièces de 5 centimes, le deux sols aux balances, le sol et le deux liards, et huit assignats métalliques de Lefèvre. (18 pièces.) Les pièces en cuivre sont *très belles*.

RÉPUBLIQUE.

213. Treize monnerons au type de la fédération, tous très beaux; un d'eux est soigneusement doré; deux pièces au type de la régénération française.

214. Un monneron de la fédération, un autre à l'Hercule, tous deux au flan bruni et à fleur de coin.

215. Une pièce de la régénération, une au type de la cigogne et deux assignats métalliques en cuivre.

216. Deux pièces d'essai au type du génie, et la pièce des artistes réunis de Lyon.

217. Une médaille ovale et dorée de la fédération, un essai de gengembre au nom de Lavoisier, une médaille d'argent de la Bonne Mère, un plomb à l'effigie de Necker, une médaille de la réunion des trois ordres, et une plaque aux victimes de la liberté, Marat, &c.

218. Pièces de 5 francs des ans 4, 5 et 7, et pièce anglaise de cuivre au pied, de 1794.

BONAPARTE, 1er CONSUL.

219. Pièce de 5 francs des ans 11, 12, 13 et 14, de l'année 1806, deux pièces de 1 franc, une de 50 centimes et une de 25 centimes.

220. Deux pièces de 5 francs, une de 1 franc, une de 50 centimes, un décime et un sol, le tout frappé à Genève. *Rares.*

NAPOLÉON, EMPEREUR.

221. Écu de 5 francs de 1807, tête nue, autre avec la tête laurée *(rare)*, deux pièces de 2 francs de 1815 *(rares)*. (4 pièces.)

222. Écus de 5 francs des années 1808, 1810, 1811, 1812, 1813, 1814 et 1815, pièces de 2 francs et de 1 franc. (9 pièces.)

223. Écu de 5 francs frappé à Gênes et deux autres frappés à Rome en 1812 et 1813. (3 pièces.)

VILLES ÉRIGÉES EN RÉPUBLIQUES.

224. *République cisalpine.* — Pièce de 6 livres et pièce de 30 sols. AR. (2 pièces.)

225. *République subalpine.* — Pièce de 20 francs de Marengo. OR. (2 pièces.)

226. *République romaine.* — Écu d'argent, huit, cinq, quatre et deux baïoques. Cuivre. (5 pièces.)

227. *Naples.* — Écu, demi-écu (AR.) et deux sols en cuivre. (4 pièces.)

228. *Venise.* — Un écu. AR.

229. *Gênes.* — Un écu et un demi-écu. AR.

230. *République ligurienne.* — Un écu. AR.

231. *République piémontaise.* — Un demi-écu (AR.) et deux 2 sols de cuivre. (3 pièces.)

232. *Turin sous l'occupation française.* — Un écu de 5 francs de Napoléon. AR.

233. *Bologne.* — Un écu d'argent.

234. *Genève.* — Un écu et une pièce de 15 sols. AR.

235. *République belge.* — Un écu et une pièce de 10 sols. AR.

JOSEPH-NAPOLÉON.

236. *Royaume des Deux-Siciles.* — Deux pièces de 5 francs.

237. *Espagne.* — Une pièce de 80 réaux (OR), écu, demi,

quart et douzième (AR.), deux sols en cuivre. (7 pièces.)

LOUIS-NAPOLÉON, ROI DE HOLLANDE.

238. Deux pièces d'or variées, deux écus variés et une pièce de cuivre pour Java. (5 pièces.)

JÉROME-NAPOLÉON, ROI DE WESTPHALIE.

239. Deux pièces de 10 francs et une de 5 francs (OR), deux écus variés, deux pièces de 2 francs, un sixième et un vingt-quatrième de thaler (AR.), cinq centimes, trois centimes et un centime. Cuivre. (12 pièces.)

ÉLISA, PRINCESSE DE LUCQUES ET DE PIOMBINO.

240. Deux pièces de 5 francs (AR.), une pièce de 5 centimes et deux de 3 centimes. (5 pièces.) Les pièces de cuivre sont *rares*.

JOACHIM MURAT.

241. *Grand duché de Berg et de Clèves.* — Trois écus (AR.), deux variétés, et une pièce de 3 stuber. BILL. (4 pièces.)

242. *Royaume de Naples.* — Une pièce de 5 francs, une de 1 franc (AR.), une pièce de 3 grains et une de 2 grains. Cuivre. (4 pièces.)

MARIE-LOUISE, DUCHESSE DE PARME.

243. Une pièce de 5 francs à flan bruni, deux pièces de 5 sous, cinq centimes, trois centimes et un centime. Cuivre. (6 pièces.) La série de cuivre est *très rare*.

RÉPUBLIQUE D'HAÏTI.

244. Deux pièces (AR.) de Pétion, deux de Boyer (AR.) et cinq pièces de cuivre de 1846. (9 pièces.)

LOUIS XVIII.

245. Trois pièces de 5 francs aux deux types, deux francs, un franc, cinquante centimes, vingt-cinq centimes, dix centimes (AR.), deux pièces obsidionales d'Anvers, trois pièces du siége de Strasbourg et une médaille en argent de la visite du duc et de la duchesse de Berry à la Monnaie le 18 novembre 1817. (14 pièces.)

CHARLES X.

246. Cinq francs, deux francs, un franc, demi-franc, quart de franc (AR.), dix centimes, cinq centimes et un essai en argent de la pièce de 5 francs de Moreau. (9 pièces.)

247. Concours pour la monnaie de Charles X. Trente clichés en étain. *Rares.*

LOUIS-PHILIPPE.

248. Une pièce de 20 francs (OR), cinq pièces de 5 francs, dont l'une pour la visite de la monnaie de Rouen, une pièce de 2 francs, deux de 1 franc, une de 50 et de 25 centimes. AR.

249. Essai en cuivre de la pièce de 100 francs, pièces de 10 centimes et de 5 centimes pour les colonies, série des pièces de 10 centimes, 5 centimes, 2 centimes et 1 centime, essai de la refonte des monnaies de cuivre, autre essai de 10 centimes et 5 centimes, et essai du balancier monétaire de Rohaut. (10 pièces.)

250. Dix autres essais pour la refonte des monnaies de cuivre.

251. Série de quatre essais au type de la charte. *Rares.*

252. Sept essais module de la pièce de 5 francs par Thonnelier, un de la pièce de 2 francs et un de la pièce de 1 franc. (9 pièces.)

253. Cinq pièces variées commémoratives de visites de Monnaies.

RÉPUBLIQUE DE 1848.

254. Onze pièces de choix : cinq de 5 francs, quatre de 2 francs, 1 franc, 50 centimes et 20 centimes, deux pièces de 1 centime.

255. Onze pièces pour le concours de 1848 : quatre pour la pièce de 20 francs, trois pour la pièce de 5 francs en argent, et quatre pour celle de 10 centimes.

256. Monnaies de 1848 : 20 francs, 5 francs et 10 centimes. (4 pièces en étain.)

RÉPUBLIQUES ÉTRANGÈRES EN 1848.

257. *Venise, 22 mars 1848.* — Pièces de 5 francs (AR.), 15 centimes (BILL.), 5 et 3 centimes et 1 centime. Cuivre. (5 pièces.)

258. *Venise, 11 août 1848.* — Une pièce de 20 francs (OR) et une de 5 francs. AR.

259. *Lombardie.* — Une pièce de 5 francs.

260. *Rome.* — Pièces de 40, 16, 8, 4, 3, 1 et 1/2 baïoques. (7 pièces.)

261. *Suisse.* — Trois essais de monnaies.

262. *Francfort.* — Une pièce d'argent.

263. *Kossuth pour la Hongrie.* — Une pièce d'or, deux en argent, une en billon et deux en cuivre. (6 pièces.)

264. *France : presse monétaire du Chili.* — Quatre essais en cuivre.

NAPOLÉON III.

265. Essai de la pièce de 10 centimes de cuivre avec effigie, et RÉPUBLIQUE FRANÇAISE au revers. *Très rare.*

266. Deux des premières pièces de 5 francs à effigie frappées en 1852.

267. Séries des pièces de 10, 5, 2 et 1 centimes pour les ateliers monétaires de Paris, Marseille, Lille, Lyon, Bordeaux, Strasbourg et Rouen (ce dernier avec un essai en étain), plus trois pièces de 10 centimes de 1852. (32 pièces.)

MONNAIES OBSIDIONALES.

268. *Cambray.* — Deux pièces de cuivre. (DUBY, pl. x, n°s 6 et 8.)

269. *Landau.* — Quatre pièces d'argent. (*Ibid.*, pl. XIX, n°s 7 et 8.)

270. *Tournay.* — Trois pièces. AR. (*Ibid.*, pl. XVIII, n° 10.)

271. *Brissach.* — Une pièce d'argent. (*Ibid.*, pl. XII, n° 5.)

272. *Tournay.* — Trois pièces de cuivre. (*Ibid.*, pl. XVIII, n° 11, et pl. XIX, n° 1er.)

273. *Ulm.* — Deux pièces. AR. (*Ibid.*, pl. XVIII, n° 5.)

274. *Vienne.* — Trois pièces d'argent. (*Ibid.*, pl. 1re, n° 8.)

275. *Bréda.* — Une pièce en argent et une en cuivre. (*Ibid.*, pl. XI, n°s 10 et 13.)

276. *Casal.* — Trois pièces en cuivre, dont une variété petite et rare. (*Ibid.*, pl. XII, n° 1er pour la grande.)

277. *Lille.* — Six pièces de 20 sols, quatre de 10 sols et deux de 5 sols. Deux séries complètes. Cuivre. (*Ibid.*, pl. XVIII, nos 7, 8 et 9.)

278. *Corse-Paoli.* — Huit pièces, dont deux en argent. (*Ibid.*, pl. XXVII, nos 10 et 11.)

279. *Utrecht.* — Trois pièces variées en cuivre.

280. *Luxembourg sous le général Jourdan.* — Une pièce d'argent.

281. *Mayence.* — Trois pièces de cuivre : 5 sols, 24 sols et 1 sol.

282. *Espagne, 1808 et 1809.* — Quatre pièces d'argent.

MONNAIES SEIGNEURIALES.

ALBY.

283. *Raimond.* — RAMVND. Croix. ℟. ALBIECI. Dans le champ, VICOC. AR. Huit deniers. (POEY-D'AVANT, n° 1097.)

ALBY-BONAFOS.

284. *Raimond.* — R. BONAFOS. Dans le champ, VGO dégénéré. ℟. ALBIENSIS. Croix. (*Ibid.*, n° 1100.)

ANDUZE.

285. *Bernard.* — ANDVSIENSIS. Dans le champ, B. ℟. SALVIENSIS. Croix. Six deniers et une obole. Quatre variétés. (*Ibid.*, nos 1118, 1120, 1121 et 1122.)

286. DE ANDVSIA. Même type. ℞. DE SALVE. Croix coupant la légende. (2 pièces.) (*Ibid.*, nº 1117.)

ANGOULÊME.

287. LODOICVS. Croix. ℞. EGOLISSIME. Quatre annelets; au centre, une croisette. Deux grands deniers. (*Ibid.*, nº 786.)

288. Mêmes légendes et types. Quatre petits deniers et trois oboles. (*Ibid.*, nºˢ 789 et 790.)

289. Mêmes légendes. Trois annelets et un croissant. Quatre deniers. (*Ibid.*, nº 793.)

ANJOU.

290. *Foulques-Nerra.* — GRATIA DT COMES. Monogramme. ℞. ANDECAVIS CIVIT. Croix. Grand denier. (*Ibid.*, nº 482.)

291. *Geoffroi.* — GOSFRIDVS COS. Croix. ℞. VRBS AIDCV. Monogramme. Six deniers et trois oboles. (*Ibid.*, nºˢ 499 et 506.)

292. *Foulques.* — FVLCO COMES. Croix. ℞. ANDEGAVIS. Monogramme. Trente-deux deniers. Nombreuses variétés. (*Ibid.*, nºˢ 509 et suivants.)

293. *Charles Iᵉʳ et II.* — Deux deniers et une obole. (*Ibid.*, nºˢ 527, 539 et 540.)

AQUITAINE.

294. *Sanche.* — SANCHVS. Croix. ℞. BVDEGAL. Monogramme. Denier. (*Ibid.*, nº 817.) *Très rare.*

295. *Guillaume.* — . GVILEMO. Quatre croisettes avec ou sans annelet au centre. ℞. BVRDEGALA. Croix. Deux deniers et une obole. (*Ibid.*, nºˢ 823, 824 et 827.)

296. *Éléonore.* — . DVCISIT. ℟. AQVITANIE. Croix. Deux deniers. (*Ibid.*, n° 833.)

297. *Henri II.* — . HENRICVS REX. Croix. ℟. AQVITANIE en trois lignes. Trois deniers. (*Ibid.*, n° 839.)

298. *Richard.* — RICARDVS dans le champ. ℟. AGVITANIE. Croix. Un denier et trois oboles. (*Ibid.*, n°s 845 et 846.)

299. *Charles.* — KAROLVS DVX AQITAN. Type des hardis. SIT NOMEN, &c. Un double hardi et deux hardis. (*Ibid.*, n°s 496 et 498.)

ANGLO-FRANÇAISES.

300. *Edouard Ier.* — EDWARD' FILI. Léopard. ℟. H REGIS ANGLIE. Croix. Denier lion. (*Ibid.*, n° 849.)

301. *Édouard III.* — Un noble à la rose. OR.

302. Deux léopards. OR.

303. EDWARDVS REX. Couronne dans le champ. ℟. MONETA DVPLEX. Croix tréflée à long pied. Double de billon. (*Ibid.*, n° 865.) *Rare.*

304. ED REX ANGLIE. Léopard passant sous une large couronne. ℟. MONETA DVPLEX. Croix cantonnée de deux couronnes. Double de billon. *Rare.*

305. EDWARD REX ANGL. Buste couronné. ℟. DVX AQVITANIE. Croix cantonnée de quatre couronnes. Esterlin d'argent. (*Ibid.*, n° 861.)

306. ED REX ANGLIE. Lion passant. ℟. DVX AGITANIE. Croix cantonnée d'une couronne. Obole de billon. (*Ibid.*, n° 862.)

307. *Edouard, le Prince Noir.* — Cinq gros d'argent et quatre esterlins variés. (9 pièces.) (*Ibid.*, n°s 877 à 901.)

308. ED PO GTV REG ANGIE. Dans le champ, AGITAIE en deux lignes sous une couronne. ℟. MONETA DV-

PLEX. Croix fleurdelisée et à long pied. Double de billon. (*Ibid.*, nº 904.)

309. *Richard II.* — RICARD' R. AGLIE. Type des hardis. ℟. FRACIE DNS AGITANIE. Croix coupant la légende. Hardi d'argent. (*Ibid.*, nº 939.) Variété.

310. *Henri IV.* — ENRIC REX AGLIE. Même type. ℟. Mêmes légende et type. Trois hardis d'argent. (*Ibid.*, nºs 942 à 945.)

ARRAS.

311. *Philippe II, roi d'Espagne.* — Deux liards de cuivre variés. (*Ibid.*, nº 1859.)

312. Trois méreaux de l'église d'Arras : IIII, III et II. Cuivre.

AUXERRE.

313. AVTSIODERCI. Croix à pointes. ℟. sans légende. Deux deniers variés et une obole. AR. (*Ibid.*, nºs 1476 et 1478.)

AVIGNON.

314. Un denier de Boniface VIII, un patard de Paul V, un blanc au grand G de Grégoire XIII, autre de Grégoire XIV. (4 pièces.) (*Ibid.*, nºs 1263, 1274, 1278 et 1289.)

AUVERGNE.

315. *Guillaume.* — VILELMO COMS. Croix. ℟. BRIVITES. Monogramme. Denier. AR. (*Ibid.*, nº 747.)

BAR.

316. *Henri Ier.* — HENRICVS COMES. Croix. ℟. BARRI DVCIS. Deux bars adossés. Denier. (*Ibid.*, nº 1588.)

317. Obole au même type.

318. *Robert*. — ROBERTVS DVX. Dans le champ, BAR. ℟. MONETA .... Croix. Denier.

319. Même légende. Grand lis épanoui. ℟. Type des florins. Florin. OR.

BÉARN.

320. *Centulle*. — CENTVLLO COME. Croix. ℟. ONOR FORCAS. Dans le champ, DAX. Un denier et deux oboles. AR. (*Ibid.*, 966, 967 et 968.)

321. *François Phébus*. — FRANCISCVS Z F DZ GZ DNSZ BEARN. Écusson à deux vaches. ℟. PAX ET HONOR, &c. Blanc de billon. (*Ibid.*, n° 977.)

322. *Catherine*. — KTERINA DEI G : DNA BEARNI. Même type. ℟. PAX, &c. Blanc de billon. (*Ibid.*, n° 980.)

BELLEY.

323. S. IOAN BAPTISTA. Tête de profil. ℟. ECCLESIA BELLICEN. Main. Méreau de cuivre.

BESANÇON.

324. BISVNTIVM. Croix. ℟. PTOMARTIR. Main. Deux deniers. (*Ibid.*, n°s 1452 et 1453.)

325. S. STEPHANVS. Main. ℟. CRISOPOLIS V. Croix. Denier. (*Ibid.*, n° 1451.)

326. *Hugues*. — S. STEPHANVS. Main. ℟. VISONTIVM. Croix. Dans les branches, le mot HVGO. Denier. Deux exemplaires. (*Ibid.*, n° 1449.)

327. *Charles-Quint*.—CAROLVS QVINT ROM IMPERATOR. L'empereur debout. ℟. MONETA CIVIT IMPER BISVNTINÆ. Aigle à deux têtes. Thaler d'argent. Deux variétés. (*Ibid.*, n° 1460.)

328. CAROLVS.V IMPERATOR. Buste lauré. ℞. MONETA CIV IMP BISONT. Armes. 1624. Teston d'argent. (*Ibid.*, n° 1458.)

329. Même légende. L'empereur à mi-corps. A l'exergue, PLVS OVLTRE. ℞. BESANÇON CITE IMPERIALE. Aigle à deux têtes. Cuivre. Et un denier de billon au type du n° 328.

BÉZIERS.

330. *Raimond-Trencavel.* — R. TRENCAI. Croix. ℞. BITERIS CIV. Deux étoiles et le mot RE formant la croix. Denier d'argent. (*Ibid.*, n° 1083.)

BLOIS.

331. *Anonyme.* — BLESIS CATRO. Croix. ℞. Type blésois. Denier. (*Ibid.*, n° 43.)

332. BLESIS CASTRO. Croix. ℞. Type carré; une croisette à droite entre deux besants. Denier. Deux exemplaires.

333. *Jeanne de Chatillon.* — I COITISSA. Type blésois. ℞. BLESIS CASTRO. Croix. Denier et obole. (*Ibid.*, n°s 50 et 51.)

334. *Hugues de Chatillon.* — H COM BLESENSIS. Croix. ℞. Type blésois. Étoile d'argent à droite. Obole de billon. Deux pièces. (*Ibid.*, n° 52.)

335. *Gui de Chatillon.* — GVIDO COMES. Type blésois. ℞. BLESIS CASTRO. Croix. Denier et obole. (*Ibid.*, n°s 53 et 54.)

BOUILLON.

336. Deux liards de Henri de La Tour avec figure; un hardi du même avec H dans le champ; au droit, tour entre

deux fleurs de lis couronnées; Godefroi avec DOVBLE DE FRANC. C. au revers. (*Ibid.*, n°s 1573 et 1586.)

BOULOGNE.

337. Renaud de Dammartin. RENAD' COM'. Dans le champ, BOLONV. ℟. BOLVNENE. Croix. Denier. Deux variétés. (*Ibid.*, n°s 1851 et 1852.)

BOURGOGNE.

338. *Hugues IV.* — VGO DVX BVRGDIE. Anille avec un astre à droite et à gauche. Un croissant. ℟. DIVIONENSIS. Croix. Denier. (*Ibid.*, n° 1384.)

339. VGO BVRGVNDIE. Dans le champ, DVX sur une fasce. ℟. Mêmes légende et type. (*Ibid.*, n° 1386.)

340. Mêmes légende et type. ℟. AVSONIENSIS. Même type. Denier. (*Ibid.*, n° 1385.)

341. *Hugues V.* — VGO DVX BVRGDIE. Double crosse. ℟. DIVIONENSIS. Croix. Denier. (3 pièces.) (*Ibid.*, n° 1394.)

342. *Jean-sans-Peur.* — IOHANES DVX BVRGVNDIE. Écusson. ℟. SIT, &c. Blanc. (*Ibid.*, n° 1406.)

343. *Philippe-le-Bon.* — PHILIP' DVX BVRGVNDIE. Même type. ℟. Mêmes légende et type. Blanc. (2 pièces.) (*Ibid.*, n° 1412.)

344. DVX ET COMES BVRGVNDIE. Dans le champ, PHILIPVS au-dessus de deux écussons. ℟. SIT, &c. PHILIPVS sous une croix accostée d'un lion et d'un lis. Blanc. (*Ibid.*, n° 1415.)

345. PHS. DVX ET COMES BVRGVNDIE. Écusson. ℟. SIT, &c. Croix fleuronnée. Blanc. (*Ibid.*, n° 1417.)

346. PHILIPVS DVX BVRGODIE. Écusson remplissant le

champ. ℟. DVPLEX TVRONS BVRGODIE. Croix. Double de billon (*Ibid.*, n° 1419.)

347. *Charles-le-Téméraire.* — KAROLVS DVX ET COMES BVR. Écusson accosté de deux sautoirs. ℟. SIT NOMEN, &c. Sautoir cantonné de deux lis et de deux briquets. Blanc. (*Ibid.*, n° 1424.)

BRETAGNE.

348. *Alain-Fergent.* — ALANVS DVIX. Croix. ℟. REDONIS CIVIT. Croix. Denier. (*Ibid.*, n° 166.)

349. *Conan-le-Gros.* — CONANVS. Dans le champ, IVS. ℟. REDONIS. Croix. Denier. (4 pièces.) (*Ibid.*, n° 175.)

350. *Geoffroi II.*— GAVFRIDVS. Croix. ℟. BRITANI. Fleur à trois pétales. Denier. (*Ibid.*, n° 181.)

351. *Anonymes de Rennes.* — . DVX BRITANIE. Croix ancrée. ℟. REDONIS CIVI. Croix. Denier. (15 pièces.) Plusieurs variétés. (*Ibid.*, n°s 182 à 188.)

352. *Anonymes de Nantes.* — . DVX BRITANE. Croix ancrée. ℟. NANTIS CIVI. Denier. (12 pièces.) (*Ibid.*, n°s 191 et 192.)

353. *Jean I*er. — IOHANNES DVX. Croix. ℟. BRITANIE. Écusson triangulaire. Denier. (2 pièces.) (*Ibid.*, n° 205.)

353 *bis.* DVX BRITANNIE. Écusson de Dreux et de Bretagne. ℟. CASTRI GIGANPI. Croix. Denier. (6 pièces.) 2 variétés. (*Ibid.*, n° 201.)

354. *Jean II.* — IOHANNES DVX. Écusson triangulaire chargé d'hermines. ℟. BRITANNIE. Croix à long pied. Denier. (*Ibid.*, n° 211.)

354 *bis.* DVX BRITANINE. Écusson de Dreux et de Bretagne. ℟. CASTRI GIGANPI. Croix. Obole. (3 pièces.) (*Ibid.*, n° 202.)

355. *Arthur II.* — A DVX BRITANIE. Écusson. ℟. COMES RICHEMVD. Croix cantonnée d'un D au 4ᵉ. Denier.

356. *Jean III.* — IOHANNES DVX. Écusson. ℟. BRITANNIE. Croix cantonnée d'une hermine au 2ᵉ. Denier. (*Ibid.*, nº 218.)

357. *Charles de Blois.* — KAROLVS BRITANORV; dans le champ, DVX entre deux rangs d'hermines. ℟. MONETA DVPLEX. Croix virolée. Double. (5 pièces.) (*Ibid.*, nºˢ 238, 239 et 240.)

358. Même légende. Couronne à pinacle; au-dessus, DVX. ℟. Même légende. Croix fleuronnée à long pied. Double. (*Ibid.*, nº 242.)

359. KAROLVS DVX. Croix. ℟. BRITANORVM. Chatel tournois. (*Ibid.*, nº 256.)

360. Même légende. Croix à long pied. ℟. Mêmes légende et type. (2 pièces.) (*Ibid.*, nº 260.)

361. *Jean de Montfort.* — IOHANNES. DVX. Type effacé. ℟. SIGNVM DEI VIVI. Croix fleuronnée à long pied. Double.

362. *Jean-le-Vaillant.* — IOHANNES DVX BRITANE . N. Écusson chargé d'hermines surmonté d'une ramure de taureau avec lionceau. ℟. DEVS IN AIVTORIVM, &c. Croix fleuronnée. Grand blanc. (2 pièces variées.)

363. IOHANNES BRITONVM DVX N. Neuf hermines dans le champ. ℟. SIT NOME, &c. Croix. Blanc. (2 pièces variées.) (*Ibid.*, nº 318.)

364. *Jean-le-Bon.* — Même légende. Targe à huit hermines. ℟. Même légende. Croix pattée. Blanc. (*Ibid.*, nº 331.)

365. Même légende des deux côtés. Au droit, trois hermines sous une couronne; au ℟., croix fleuronnée. Blanc. (2 pièces.) (*Ibid.*, nº 338.)

366. *François.* — FRACISCVS BRITONV DVX. Targe à huit hermines. ℟. Même légende. Croix pattée. Blanc. Deux variétés. (*Ibid.*, nos 345 et 346.)

367. Mêmes légendes des deux côtés. Au droit, écusson triangulaire à six couronnes; au ℟., croix fleurie; au centre, R. Blanc. (*Ibid.*, no 360.)

BRETAGNE-PENTHIÈVRE.

368. *Étienne.* — STEPHAN COM. Tête informe. ℟. GVINGAMP. Croix cantonnée de deux étoiles. Denier. (5 pièces variées.)

369. *Alain.* — ALEN CONES. Croix cantonnée d'une étoile au 2e. ℟. GVINGAMP. Tête informe. Denier. (*Ibid.*, no 405.) *Rare.*

370. STEPHAN COM. Croix simple. ℟. DVX BRITANIE. Croix ancrée. Denier. (2 pièces.) (*Ibid.*, no 415.)

CAHORS.

371. CATVRCIS. Croix. ℟. CIVITAS. Deux croisettes, A et crosse. Denier. (10 pièces.) Plusieurs variétés. (*Ibid.*, no 1110.)

372. Mêmes légendes et types. T au bas de la crosse. (*Ibid.*, no 1112.)

CALAIS.

373. *Henri V.* — HENRIC DI GRA REX ANGL FRANC. Buste de face. ℟. VILLA CALISIE. Deux gros et un demi-gros. (*Ibid.*, 1853 et 1854.)

CAMBRAY.

374. *Guillaume II, évêque.* — GUILLS EPISCOPVS. Tête

de face. ℟. CAMERA CENSIS. Type des esterlins. Esterlin d'argent. (*Ibid.*, n° 1867.)

375. Mêmes légendes. Au droit, une croix; au revers, une aigle éployée. Denier cokibus. Cuivre.

376. *Nicolas de Fontaines.* — NICHOLAVS EPISCHOPVS. Tête mitrée de face. ℟. CAMERACV. Légende extérieure, AVE MARIA GRATIA PLENA. Type des gros. Gros d'argent.

CELLES.

377. *Robert.* — ROB DE CELE. Croix. ℟. Type primitif de la tête de profil. Denier. (2 pièces.) (*Ibid.*, n° 38.)

CHAMPAGNE.

TROYES.

378. PETRVS EPISCOPVS. Monogramme. ℟. TRECAS CIVITERO. Croix. Denier. (2 pièces.) (*Ibid.*, n° 1504.)

379. TRECAS CIVITAS. Monogramme. ℟. BEATVS PETRVS. Croix. Denier. (6 pièces.) (*Ibid.*, n° 1506.)

380. *Henri II.* — HENRI COMES. Croix cantonnée d'un annelet aux 2ᵉ et 3ᵉ. ℟. TRECAS CIVITAS. Monogramme. Denier. (7 pièces.) (*Ibid.*, n° 1508.)

381. Mêmes légendes et types, sauf que la croix est cantonnée d'un S et d'un astérisque, et que le monogramme a aussi un astérisque. Denier. (5 pièces.)

382. *Thibaud V.* — TEBAV COMES. Croix. ℟. Même légende. Monogramme. (2 pièces.) (*Ibid.*, n° 1511.)

PROVINS.

383 *Thibaud II.* — TEBALT COMES. Croix. ℟. CASTRI PRVVINS. Type du peigne. Au-dessus, T et deux annelets. Denier. (6 pièces.) (*Ibid.*, n° 1512, n° 384.)

384\. *Henri Ier.* — HENRI COMES. Croix. ℟. Mêmes légende et type. T et deux croissants. Denier. (3 pièces.) (*Ibid.*, n° 1513.)

385\. *Henri II.* — Même légende. Croix cantonnée d'une étoile, d'un annelet et de deux besants. ℟. Mêmes légende et type. Le peigne est surmonté d'un T entre un annelet et un croissant. Denier. (6 pièces.)

386\. *Thibaud IV.* — THEBAV COMES. Croix. ℟. Même légende. Peigne surmonté des trois tours. Denier. (6 pièces et 1 obole.) (*Ibid.*, nos 1514 et 1515.)

CHARTRES.

387\. CARTIS CIVITAS. Croix. ℟. Type chartrain. Croix à droite entre deux besants. Denier. (*Ibid.*, n° 64.)

388\. Mêmes légende et type des deux côtés. Au ℟., la croix est remplacée par un lis. Denier. (*Ibid.*, n° 65.)

CHATEAUDUN.

389\. DUNICSASTL. Croix. ℟. Type dunois. Denier. (7 pièces et 1 obole.) (*Ibid.*, n° 96, et *Suppl.*, n° 11.)

390\. DVNIOSTILI. Croix. ℟. Même type. Denier. (7 pièces.) (*Ibid.*, n° 98.)

391\. *Geoffroi IV.* — GAVFRID. Croissant les pointes en bas. ℟. CATRVM DVNI. Croix cantonnée d'un croissant au 2e. Denier. *Rare.*

392\. Même légende. Type renversé entre deux croissants. ℟. CASTRI DVNI. Croix cantonnée d'un annelet au 2e. Obole. (*Ibid.*, n° 106.)

CHATEAU-RENAUD.

393\. *François de Bourbon et Marguerite de Lorraine.* —

F BOVRB. LVD MARGAR LOT. Buste fraisé de François. ℞. IN OMNM TER . SONVS EOR. Écusson couronné (OR), et un double tournois de cuivre du mari seul.

CHATEAUROUX.

394. *Raoul.* — RADULFVS. Croix. ℞. DE DOLIS. Étoile à six pointes. Denier. (10 pièces.) Plusieurs variétés. (*Ibid.*, nos 654 à 658.)

395. *Guillaume Ier.* — GUILLERMVS. Croix. ℞. DE DOLI entre les besants de l'étoile à six pointes. Denier. (4 pièces.) (*Ibid.*, no 661.)

CLERMONT.

396. URBS ARVERNA. Croix cantonnée d'un lis au 2e. ℞. S. MARIA. Tête de face avec couronne fleurdelisée. Denier. (*Ibid.*, no 754.)

397. SCA MARIA. Tête de face avec bandeau. ℞. VRBS ARVERNA. Croix. (3 deniers et 2 oboles.) (*Ibid.*, nos 757 et 759.)

CLUNY.

398. CLVNIACO CENOBIO. Croix. ℞. PETRVS ET PAVLVS. Clef. Denier. (*Ibid.*, no 1435.)

CORBIE.

399. *Évrard.* — EVRADVS ABBAS. Crosse. ℞. PETRVS APIS. Croix. Obole. *Rare.*

DIJON.

400. DIVIONENSIS. Croix. ℞. PRIMA SEDES en trois lignes. Denier. (*Ibid.*, no 1431.)

DOMBES.

401. *Jean.* — Un denier et un blanc. (*Ibid.*, nos 1523 et 1827.)

402. *Pierre.* — Deux blancs. (*Ibid.*, nos 1332 et 1333.)

403. *Louis.* — Un douzain, un double tournois (*ibid.*, nos 1338 et 342), un gros de Nesle au type du grand L couronné. (*Ibid.*, no 1343.) *Variété inédite.*

404. *François.* — Un douzain, un double tournois et un liard. (*Ibid.*, nos 1344, 1345 et 1346.)

405. *Henri.* — Quatre testons variés, trois douzains et deux liards. (*Ibid.*, nos 1348 à 1355.)

406. *Marie.* — Trois doubles tournois. (*Ibid.*, no 1361.)

407. *Gaston.* — Un douzain de billon. (*Ibid.*, no 1364.) Variété.

DREUX.

408. *Robert.* — Deux deniers. MI ROBERTVS, &c. (*Ibid.*, no 1820.)

ELINCOURT.

409. *Gui.* — Légende illisible. ℟. ... ELINCOR.... Croix cantonnée d'un trèfle. Denier.

FLANDRE.

410. *Gand.* — GANT. Croix. ℟. Tête. Maille. (*Ibid.*, no 1916.)

411. *Lille.* — LILA et LI. Maille. Deux variétés. (*Ibid.*, no 1908.)

412. *Douai.* — Une maille muette. (*Ibid.*, no 1905.)

413. *Louis de Crécy.* — LVDOVIC COMES FLAD. Croix. ℟. MONETA GANDENSIS. Lion. AR. (*Ibid.*, no 1928.)

414. Quatre gros au lion. (*Ibid.*, nos 1928 et 1930.)

415. *Louis de Male.* — Un quart de chaise. OR.

416. Deux lions heaumés et deux demi. (*Ibid.*, nos 1936 et 1937.)

417. *Philippe-le-Hardi.* — PHS DVX BVRG COM FLAD HES HOL. Le prince assis la main sur un écu. ℞. XPC REGNAT, &c. OR.

418. PHS D B COM FLAND. Dans le champ, F. L. ℞. MONETA FLANDRIE. Croix cantonnée d'un lion et d'un lis. Billon noir (*ibid.*, n° 1941), et un autre billon à l'écu de Bourgogne. (*Ibid.*, n° 1943.)

419. *Philippe-le-Bon.* — Deux écus au lion. OR. Une plaque (*ibid.*, n° 1954), et un double gros aux deux écus. (*Ibid.*, n° 1957.)

420. *Charles-le-Téméraire.* — Un florin de saint André (OR) et un double sol de billon. (*Ibid.*, n° 1959.)

421. *Ville de Gand sous Philippe-le-Beau.* — PHS DEI GRA DVX B CO FLA. Lion debout. ℞. FIAT PAX IN VIRTVTE TVA. Croix fleuronnée. Demi-briquet. (*Ibid.*, n° 1979.) *Rare.*

422. *François, duc d'Alençon.* — Deux demi-liards. (*Ibid.*, n° 1992.)

423. *Philippe II.* — Un dixième d'écu de 1571. AR.

GIEN.

424. *Geoffroi.* — Six deniers et deux oboles. (*Ibid.*, nos 697 et 698.)

HAINAUT.

425. VALENCENE. Armes. ℞. sans légende. Petit denier. AR. (*Ibid.*, n° 1880.)

426. *Marguerite.* — Deux gros variés au cavalier armé. (*Ibid.*, n° 1881.)

427. *Guillaume II.* — MONETA VALENCIEN. Lion debout. ℟. HAIONIE COMES. (4 pièces.) (*Ibid.*, n° 1892.)

328. *Guillaume III.* — Deux plaques de billon. (*Ibid.*, n° 1894.)

429. *Philippe-le-Bon.*—Deux sols de billon. (*Ibid.*, n° 1900.)

ISSOUDUN.

430. DTRESV. Type d'Issoudun. ℟. ODR ✝ XET. Croix. Un denier et une obole. (*Ibid.*, n°ˢ 668 et 670.)

LANGRES.

431. LVDOVICVS REX. Crosse. ℟. VRBS LINGONIS. Croix. Denier (*ibid.*, n° 1536), et un autre denier à étudier.

LIMOGES.

432. SCS MARCIAL. Tête de face. ℟. LEMOVICENSIS. Croix. Barbarin. (2 pièces.) *Ibid.*, n° 769.)

433. LEMOVICENSIS. Dans le champ, S. M. ℟. VICECOMES. Denier. (*Ibid.*, n° 770.)

LORRAINE.

433 *bis*. *Ferri III.* — Petit denier au cavalier. (18 pièces.) Six variétés de types. (De Saulcy, pl. ii, n°ˢ 14, 15, 19, 27; xxxv, n° 6, et xxxvi, n° 12.)

434. *Thiébaut II.* — T DVX LOTOREGIE. Cavalier armé. ℟. MONETA DE NANCEI. Épée. Denier. AR. (*Ibid.*, pl. iii, n° 16.) (2 pièces.)

435. T DVX. Le duc debout et armé. ℟. NANCEI. Épée. Denier. AR. (*Ibid.*, n° 17.)

436. *Ferri IV.* — Un denier à chacun des types des nos 434 et 435 ci-dessus. (*Ibid.*, nos 19 et 20.)

437. *Raoul.*— R. DVX LOTORENGIE. Écusson. ℟. MONETA DE NANCEI. Épée entre deux écussons. (4 pièces.) (*Ibid.*, pl. V, no 3.)

438. *Marie de Blois, régente.* — IOHANNES DVX MARCHIO, &c. Écusson. ℟. MARIE DVCHESE MANBOVRS, &c. (3 pièces variées.) (*Ibid.*, pl. V, no 13.)

439. Autre ayant en légende extérieure au ℟. SIT NOMEN, &c. (*Ibid.*, pl. VI, no 1er.)

440. *Jean.* — IOHES DVX LOT MARCH. Aigle essorant sur un heaume placé sur l'écu penché de Lorraine. ℟. MONETA FCA IN NANCEY. Épée entre deux écussons. *Inédite.*

441. IOHANES DVX. Alérion. ℟. MONETA NANCEI. Épée entre deux roses. (*Ibid.*, pl. VI, no 18.) (2 pièces.)

442. *Charles II.* — KAROLVS DVX LOTHOR Z M. Le duc debout. ℟. MONETA DE NANCI. Croix. (*Ibid.*, pl. IX, no 18.)

443. KAROLVS DVX. Aigle sur un écu. ℟. MONETA DE NANCEI. Épée entre deux étoiles. (*Ibid.*, pl. IX, no 3.) (2 pièces.)

444. *René Ier.* — RENAT D BAR M P CO. Le duc debout. ℟. MONETAS MICHA. Croix. (*Ibid.*, pl. X, no 10.) (2 pièces.)

445. RENATI DVX BARREN Z LOTH M. Écusson sur une épée. ℟. SIT, &c. Grande croix de Lorraine. (*Ibid.*, no 12.) (2 pièces.)

446. Même légende. Armes de Lorraine et de Bar. ℟. MONETA FACTA . IN NANCEIO. Épée. (*Ibid.*, pl. XI, no 6.) (4 pièces.)

447. *René II.* — RENATVS D G R SICIL. Écusson couronné. ℞. FECIT POTENCIAM IN BRACHIO. Bras armé. (*Ibid.*, pl. XIV, n° 1er.) *Variété inédite.*

448. RENATVS DG REX SL LOTOR. Bande de Lorraine horizontale sur une épée. ℞. MONETA NOVA FACTA IN NANC ou IN NENC. Croix fleurdelisée. (*Ibid.*, pl. XIV, nos 7, 8 et 9.) *Deux variétés inédites.* (3 pièces.)

449. *Antoine.* — Trois spadins, un denier à l'épée et quatre demi-testons. (*Ibid.*, pl. XIV, nos 12 et 14, et XV, nos 12 et 13.)

450. *Charles III.* — Un lot de deux testons à la tête couronnée, un teston à tête nue, le demi, deux demi-testons à buste barbu, deux deniers contrepoinçonnés à l'épée, un à la petite croix de Lorraine et un à la croix fleurdelisée. (*Ibid.*, pl. XVIII, nos 6, 7 et 8; XIX, n° 7; XXI, n° 5, et XXIII, nos 8 et 9.) (10 pièces.)

451. Un autre lot de deux testons à tête couronnée, deux à tête nue au droit, un demi à buste barbu, un denier contrepoinçonné à l'épée et un petit denier à la croix fleurdelisée.

452. *Henri.* — HENRI . D . G CVX *(sic)* LOTH . MACH *(sic)* D. C. B. G. Écusson remplissant le champ. ℞. MONETA AVREA NANCEII. C. Saint Nicolas debout. Florin d'or. (*Ibid.*, pl. XXIV, n° 4.) Variété.

453. HENRI DG DVX LOTH. MARCH. D. C. B. G. Buste fraisé à droite. ℞. MONETA NOVA NANCEII CVSA. Armes couronnées. Teston d'argent. (*Ibid.*, pl. XXV, n° 2.)

454. Denier à l'alérion, quatre aux deux écussons et sept à l'écusson rond, presque tous variés. (*Ibid.*, pl. XXV, nos 9, 10, 11 et 12.)

455. *Charles et Nicole.* — Deux petits deniers à la croix de

Jérusalem, deux à l'écusson carré et quatre à l'écusson rond, tous variés. (*Ibid.*, nos 14, 15, 16, 17 et 18.) (8 pièces.)

456. *Charles IV.* — CAROLVS DG DVX, &c. Série du teston, du demi et du quart. AR. (*ibid.*, pl. XXVIII, nos 1, 3 et 4), et un autre teston, CAROLVS IIII, &c. (*Ibid.*, no 2.) (4 pièces.)

457. Deux autres testons variés (*ibid.*, nos 1 et 2) et quatre deniers variés à l'alérion. (*Ibid.*, pl. XXVI, nos 7, 8, 9 et 10.)

458. CAROLVS DG. DVX, &c. Buste à gauche. ℞. MONETA NOVA ROMARTI CVSA. Écusson couronné. Teston d'argent de Remiremont. (*Ibid.*, pl. XXVII, no 4.)

459. *Léopold.* — Écu d'argent à l'écusson couronné, le demi et le quart. (*Ibid.*, pl. XXXII, nos 2, 5 et 6.)

460. Un écu au même type, un demi à l'écusson de Jérusalem et un autre demi à la croix de Jérusalem. (*Ibid.*, pl. XXXII, no 5; pl. XXXI, no 1er, et pl. XXX, no 8.)

461. Écu à l'écusson à bande transversale et deux demi au même type. (*Ibid.*, pl. XXXI, nos 6 et 9.)

462. Un quart d'écu à la croix de Jérusalem et deux pièces d'argent appelées masson. (*Ibid.*, pl. XXX, no 8, et pl. XXXIII, no 1er.)

463. Quatre pièces de 30 deniers aux deux types (*ibid.*, pl. XXXII, no 10, et pl. XXXIII, no 2), une pièce de 15 deniers (*ibid.*, no 6), deux pièces de 12 deniers (*ibid.*, pl. XXXII, no 11), deux liards (*ibid.*, pl. XXX, no 3) et un denier. (*Ibid.*, pl. XXVIII, no 10.) (10 pièces.)

464. Six beaux jetons de Lorraine de 1576, dont cinq en argent et un en cuivre.

LYON.

465. Cinq deniers anonymes, dont un au croissant et à l'étoile, et deux blancs de Charles d'Alençon, archevêque. (POEY-D'AVANT, nos 1160, 1161 et 1171.) (7 pièces.)

MACON.

466. PHIPVS REX. Croix en forme d'oméga et cantonnée de quatre points. ℞. MATISCON. Croix cantonnée de quatre points. Obole. *Inédite.*

MAGUELONNE.

467. Huit deniers melgoriens et huit oboles. (*Ibid.*, nos 1091 et 1093.)

LE MANS.

468. *Erbert.*— Quinze deniers variés dont un à l'E lunaire. (*Ibid.*, n° 429.)

LA MARCHE.

469. *Hugues X.* — Quatre deniers aux deux croissants et aux deux annelets. (*Ibid.*, n° 794.)

470. VGO COMES MAR. Dans le champ, CH. ℞. LODOICVS ENGOL. Croix. Denier. (*Ibid.*, n° 797.)

MEAUX.

471. *Étienne.* — STEPHANVS EPC. Crosse entre deux lis. ℞. MELD CIVITAS. Croix cantonnée de deux annelets. Denier. (4 pièces.)

472. Mêmes légendes et type. Au droit, la croix qui précède la légende est accostée de quatre points. Denier. (4 pièces.)

473. Mêmes légendes. Au droit, buste à gauche; au revers, croix cantonnée. (*Ibid.*, n° 1500.)

474. *Gautier.* — GALTERIVS PRESV. Dextre bénissante. ℟. MELDIS CIVIT. Croix. Denier. (*Ibid.*, n° 1495.) (2 pièces.)

475. *Burcard.* — BVRCARDVS EPSV. Même type. Deux deniers et deux oboles variés. (*Ibid.*, n°s 1497, 1498 et 1499.)

476. *Pierre.* — PETRVS EPISCOP. Type du n° 653. Deux deniers. (*Ibid.*, n° 1502.)

METZ (ÉVÊQUES DE).

477. *Adalbéron.* — Légendes illisibles. Au droit, saint Étienne; au revers, croix cantonnée d'un croissant.

478. *Étienne de Bar.* — STEPHANVS. Tête à droite. (2 pièces.)

479. — *Frédéric de Pluviose.* — FRIDERIC'. Tête à gauche. (4 pièces.)

480. *Thierri de Lorraine.* — . TEODERIC'. Tête à gauche. (6 pièces.)

481. *Anonymes : Épinal.* — STEPHANVS. Croix. ℟. SPINAL. Édifice. (*Ibid.*, n° 1698.) (5 pièces.)

482. *Remiremont.* — Tête de saint Pierre. ℟. ROMARIC. Croix. (*Ibid.*, n° 1697.)

483. *Bertrand.* — BERTRANN. Buste à gauche. ℟. METENsis. Main sur une croix. (22 pièces.) (*Ibid.*, n° 1699.)

484. Mêmes légendes et type. Croissant derrière la tête. (7 pièces.)

485. Mêmes légendes et type. Étoile. (4 pièces.)

486. Mêmes légendes et type. Rose. (3 pièces.)

487. Mêmes légendes et type. Point.

488. *Jean d'Apremont.* — IOHANNES. Buste à droite ℟. Croix anglée de deux croissants et de deux étoiles. (*Ibid.*, n° 1702. (16 pièces.)

489. Mêmes légende et type. ℟. Croix anglée de quatre points (*Ibid.*, n° 1701.) (12 pièces.)

490. *Jacques de Lorraine.* — IACO EPS. Même type. (21 pièces. (*Ibid.*, n° 1703.)

491. *Adhémar.* — A EPS. Buste à droite. (*Ibid.*, n° 1705.)

492. *Thierri de Boppard.* — Quatre gros d'argent. (*Ibid.*, n° 1707.)

493. *Anonymes.* — Type de saint Étienne à genoux. ℟. MONEPI METENS. Bugne d'argent. (3 pièces.) (*Ibid.*, n° 1709.)

METZ-CITÉ.

494. Deux florins d'or d'époque très diverse.

495. Quatorze gros au type de saint Étienne à genoux. AR. (*Ibid.*, n°s 1718, 1719, &c.)

496. Deux demi-gros. (*Ibid.*, n° 1722.)

497. Six bugnes d'argent. (*Ibid.*, n° 1726.)

498. Deux doubles deniers d'argent à tête de face. (*Ibid.*, n° 1729.)

499. Douze liards de billon. (*Ibid.*, n°s 1730 et 1731.)

MURBACH ET LURE.

500. MONETA NOVA MVR ET LVDR. Écusson au-dessus. 1624. Au-dessous, 2. ℟. S LEODEGARIVS. Le saint assis. BILL. (*Ibid.*, n° 1801.)

NAVARRE.

501. *Jean et Blanche.* — Deux blancs à l'I et K couronnés. (*Ibid.*, n° 994.)

502. *Henri d'Albret.* — Un blanc à l'écusson mi-parti France et Navarre (*ibid.*, n° 1001), un blanc aux deux vaches pour le Béarn (*ibid.*, n° 986) et un liard. (*Ibid.*, n° 1004.)

503. *Antoine de Bourbon et Jeanne d'Albret.*— Un teston de 1562 aux deux têtes, et deux liards aux deux types du monogramme. (*Ibid.*, n°s 1010 et 1011.)

504. Un teston de 1569. (*Ibid.*, n° 1013.)

505. Un franc d'argent, et un demi au type des quatre H couronnés. (*Ibid.*, n°s 1021 et 1022.)

506. Quatre quart-d'écus variés (AR.) et un en cuivre pur. (*Ibid.*, n°s 1030, 1031 et 1042.)

507. *Le même et Marguerite.* — Teston aux deux têtes et deux liards. (*Ibid.*, n°s 1028 et 1037.)

NEUFCHATEL

508. *Henri d'Orléans-Longueville.* — Une pièce d'argent à la tête (*ibid.*, n° 1813), un douzain (*ibid.*, n° 1814) et deux demi-douzains variés.

509. *Gui.* — GVIDO COMES NEVERS. Faucille et dauphin. ℟. NIVERNIS CIVIT. Croix. Denier. (4 pièces.) (*Ibid.*, n° 715.)

510. *Hervé.*— COMES ERVEVS. Faucille et étoile. ℟. Même légende. Denier. (7 pièces.) (*Ibid.*, n° 717.) Avec ERVIS CONS. Faucille et lis. (4 pièces.) (*Ibid.*, n° 718.)

511. *Mahaut.* — M COMITISSA. Pal, deux étoiles et un lis. (*Ibid.*, n° 719.)

512. *Robert.* — Obole d'argent. (*Ibid.*, n° 724.)

NORMANDIE.

513. Trois deniers à légendes indéchiffrables. (*Ibid.*, nos 121 et 122.)

514. *Charles-le-Mauvais.* — KAROLVS REX. Croix. ℟. DE NAVARRA. Chatel. Denier, et cinq doubles parisis à la couronne. (*Ibid.*, nos 125 et 126.)

ORANGE.

515. *Guillaume IV.* — Dans le champ, W. Légende, PRICEPS ARASCI. ℟. IMP FREDERICVS. Denier. (*Ibid.*, no 1297.) Autre aux mêmes légendes, avec un cornet dans le champ. (*Ibid.*, no 1299.)

516. *Raimond IV.* — Deux florins d'or variés, l'un avec le casque, l'autre avec le R.

517. Fleur de lis du même. OR.

518. *Maurice et Frédéric-Henri.* — Cinq liards imités de ceux de Dombes. (*Ibid.*, nos 1309, 1316 et 1317.)

PHALZBOURG ET LIXHEIM.

519. *Henriette.* — Un double tournois de cuivre à effigie. Au revers, huit lis. Millésime, 1633. (*Ibid.*, 1609.)

POITOU.

520. *Type de Charles.* — CARLVS REX R. Monogramme. ℟. METV XLLO. Croix. Denier (3 pièces), et un autre denier avec METALO dans le champ. (*Ibid.*, nos 547, 552 et 571.)

521. *Richard.* — RICARDVS REX. Croix. ℟. PICTAVIENSIS dans le champ. (63 deniers.) Très nombreuses variétés.

522. Quatre oboles variées au même type.

523. *Alphonse.* — Deniers tournois au chatel avec PICTAVIENTSIS. (20 pièces.) Deux varietés. (*Ibid.*, n°s 637 et 639.)

524. Deux autres deniers avec PICTAVIENSIS. (*Ibid.*, n° 636.)

PONTHIEU.

525. *Guillaume III.* — WILLEM COME. Dans le champ, PONTIV. ℟. ABBATIS VILLE. Croix. Denier. (2 pièces.) (*Ibid.*, n° 1843.) Variété.

PORCIEN.

526. *Gaucher.* — GALCHS COMES PORC. Tête de face. ℟. MONETA NOVAVVE. Type des esterlins. Esterlin. (3 pièces.) (*Ibid.*, n° 1539.) Variété.

PROVENCE.

527. *Alphonse d'Aragon.* — REX ARAGONE. Profil à gauche. ℟. PROVINCIA. Croix. (4 deniers et 2 oboles.) (*Ibid.*, n°s 1174 et 1175.)

528. Mêmes légendes. Tête de face. (4 deniers et 2 oboles.) (*Ibid.*, n°s 1177 et 1178.)

529. *Guillaume de Forcalquier.* — WILELMVS, COME. Ce dernier mot en croix dans le champ. ℟. PROENCIE. Croix. (2 deniers et 1 obole.) (*Ibid.*, n°s 1179 et 1180.)

530. *Charles Ier d'Anjou.* — KAROL DEI GRA IHRLM SICILIE REX. Écusson triangulaire mi-parti Anjou et Jérusalem; en dessus, un croissant entre deux étoiles. ℟. AVE GRACIA PLENA DOMINVS TECVM. Type de l'Annonciation. Salut d'or. *Rare.*

531. COMES PVINCIE. Tête à gauche. ℟. CIVITAS MASSIL'. Porte de la ville. AR. (*Ibid.*, n° 1191.)

532. K . CO . P . FI RE F. Croix. ℞. PVINCIALIS. Chatel. Denier. Et autre, K COMES P FI RE F. ℞. PROVINCIALIS. Denier. (*Ibid.*, nº 1189.)

533. *Robert.* — R. hR ET SICIL REX. Grande couronne dans le champ. ℞. COMES PRINCIE. Croix fleurdélisée. Sol couronnat d'argent. (2 pièces.) (*Ibid.*, nº 1202.)

VICOMTES DE CADENET.

534. *Bertrand.*— BERTRAND'. Croix. ℞. COMES EDNE. Étoile à huit branches. Denier. (*Ibid.*, nº 1127.) *Rare.*

LE PUY OU GAP.

535. Un denier et cinq oboles à la rosace.

REIMS.

536. *Guillaume.* — GVLERMVS en deux lignes. Légende, ARCHIEPISCOPVS. ℞. REMIS CIVITAS. Croix. Trois variétés. (8 pièces.) (*Ibid.*, nºs 1527 et 1528.)

537. *Albéric.* — ALBRICVS en deux lignes et mêmes légendes. Denier. (*Ibid.*, nº 1530.)

538. *Henri II de Dreux.* — HEIRICVS en deux lignes et mêmes légendes. Denier. (*Ibid.*, nº 1532.)

RETHEL.

539. Trois liards de cuivre de Charles II de Gonzague. Trois variétés. (*Ibid.*, nºs 1544, 1545 et 1546.)

RIOM.

540. *Alphonse.* — ALFVNSUS COMES. Croix. ℞. RIOMEN-

SIS. Chatel accosté de deux croissants. Denier. (2 pièces.) (*Ibid.*, n° 753.)

RODEZ.

541. *Hugues.* — VGO COMES. Croix. ℟. RODES CIVI. Dans le champ, PAS. Denier. (10 pièces.) (*Ibid.*, n°s 1101 et 1102.)

SAINT-OMER.

542. Méreaux de cuivre aux trois pommes de pin : deux variétés à XII, une à VI, deux à II et une à I. (6 pièces.)

SANCERRE.

543. *Étienne.* — SEPHANVS COM. Croix. ℟. IVLIVS CESAR. Tête à droite. Denier. Deux variétés. L'autre avec COMES. (*Ibid.*, n°s 677 et 678.)

SENS.

544. SENONES CI. Croix. ℟. Anépigraphe. Croix et deux croisettes. Grand denier. (2 pièces.) (*Ibid.*, n° 1486.)

SENS ET PROVINS.

545. SEEIOMIS CIVI. Croix. ℟. RILDVNIS CATO. Peigne. Denier et obole. (*Ibid.*, n°s 1520 et 1524.)

SOISSONS.

546. *Raoul.* — RADVLF' COM'. Croix. ℟. SVESSIONIS. Temple. Denier. (2 pièces.) (*Ibid.*, n° 1829.)

SOUVIGNY.

547. S MAIOLVS. Tête de face. ℟. DE SILVINIACO. Croix. (4 pièces, 2 avec la crosse à droite, 2 avec la crosse à gauche. (*Ibid.*, n°s 734 et 738.)

STRASBOURG (ÉVÊQUES DE).

548. *Charles de Lorraine.* — Un teston. AR. (*Ibid.*, nº 1763.)

549. *Louis-Constantin de Rohan.* — XII TH. Tête à droite. ℞. Armes. AR.

STRASBOURG-VILLE.

550. AVREVS VRBIS ARGENTINÆ NVMMVS. Globe crucigère. ℞. VRBEM CHRISTE TVAM SERVA. Le Christ assis. OR.

551. Grand écu et son demi au type des deux lions supportant l'écusson de la ville. AR. (*Ibid.*, nº 1773.)

552. Une pièce de 30 sols, une de 2 sols et une de 1 sol. BILL. (*Ibid.*, nº 1774.)

THAN.

553. MONETA NO TANNENS. Armes. ℞. SALVE CRVX BEN. Croix. BILL. (*Ibid.*, nº 1799.)

TOUL.

554. *Pierre de Brixei.* — PETR'. Buste à droite. ℞. NOVI CASTRI. Édifice. (*Ibid.*, nº 1733.)

555. PETRVS. Buste à gauche. ℞. TVLLI. Main tenant une crosse. (*Ibid.*, nºs 1732.) (2 pièces.)

556. *Gilles de Sorcy.* — GILES AVESKES. Crosse. ℞. TOVL. Main sur une croix. (*Ibid.*, nº 1735.)

557. *Conrad Probus.* — Sans légende. Buste à gauche. ℞. TVLLV. Croix. (*Ibid.*, nº 1736. (2 pièces.)

TOULOUSE.

558. *Raimond V.* — RAMON COMES. Croix. ℞. TOLOSA

CIVI. Dans le champ, VGO dégénéré. (6 deniers et 3 oboles.) (*Ibid.*, nos 1063 et 1064.)

559. *Raimond VI.* — Sept pièces à la grande croix pour le marquisat de Provence, et dix deniers à la petite croix. (17 pièces.) (*Ibid.*, nos 1069 et 1073.)

560. *Alphonse.* — A CO FILIVS REG. Croix. ℟. THOLOSA CIVI. Chatel. Denier. (2 pièces.) (*Ibid.*, no 1076.)

561. A COMES TOLOSE. Chatel. ℟. MARCH PVINCIE. Croix. (2 pièces.) (*Ibid.*, no 1080.)

TOURNUS.

562. SCS VALERIAN. Tête informe. ℟. TORNVCIO CAST. Croix. Denier. (*Ibid.*, no 1437.)

TOURS.

563. TVRONIS CIVITAS. Croix. ℟. SCS MARTINVS. Temple. Grand denier. AR. (*Ibid.*, no 5.)

564. SCS MARTINVS. Chatel. ℟. TVRONVS CIVIS. Croix. Obole. (*Ibid.*, no 23.)

TURENNE.

565. *Raimond.* — RAMVNDVS. Nom dégénéré d'Eudes. ℟. DE TVRENA. Croix. (3 deniers et 1 obole.) *Celle-ci est fort rare.* (*Ibid.*, nos 765 et 766.)

VALENCE.

566. VRBS VALENTIAI. Aigle éployée. ℟. SAPOLLINARS. Croix. (7 deniers et 7 oboles.) (*Ibid.*, nos 1218 et 1221.)

VENDOME.

567. *Anonymes.* — VDON CAOSTO. Denier. (8 pièces.) (*Ibid.*, no 75.)

568. *Jean III.* — IEHA. Type vendômois. ℟. VEDOME CASTR. Obole. (*Ibid.*, n° 82.)

569. *Jean IV.* — IOHAN COMES. Type tournois carré. ℟. VIDOCINENSiS. Obole. (*Ibid.*, n° 85.)

570. *Pierre.* — PETRVS COMES. Même type. ℟. Même légende. Obole. (*Ibid.*, n° 89.)

VERDUN.

571. *Thierri.* — TIEDERICVS EPS. Croix. ℟. MARIA VIRGO. Buste nimbé de la Vierge. (*Ibid.*, n° 1740.)

572. TEODERIC EPS en trois lignes. ℟. MARIA VIRGO en deux lignes. (*Ibid.*, n° 1743.)

573. *Erric de Lorraine.* — ERRIC A LOTH EPS ET CO VIR. Buste à gauche. ℟. MONET NO . AN — 1608. CVSA. Armes. (*Ibid.*, n° 1750.)

574. *Charles de Lorraine.* — CAROLVS, &c. Même type. ℟. MONETA NOVA AN 1617. Même type. (*Ibid.*, n° 1751.)

VERMANDOIS.

575. *Éléonore.* — ALIENO en deux lignes. Légende, CO VIROMENDI. ℟. S QVINTINVS. Croix. Denier. (10 pièces.) (*Ibid.*, n° 1848.)

VIENNE.

576. VRBS VIENNA. Monogramme. ℟. S MAVRICIVS. Croix. Denier. (*Ibid.*, n° 1138.)

577. SM VIENNA. Tête. ℟. S MAXIMA GALL. Croix. Un denier à croix non cantonnée. (15 deniers à croix cantonnée et 9 oboles de NOBILIS — VIENNA; en tout, 25 pièces.) (*Ibid.*, n°s 1144 à 1151.) Nombreuses variétés.

VIENNOIS.

578. *Guigues.* — GVIGO DAPHS VIEN. Le prince assis. ℟. ET COMES ALBONIS. Croix. Carlin. (*Ibid.*, nº 1225.)

VIERZON.

579. VIRSIONIS. Croix. ℟. sans légende. Monogramme. (*Ibid.*, nº 691.)

VIVIERS.

580. EPISCOPVS. Tête. ℟. VIVARII. Denier. (2 pièces.) (*Ibid.*, nº 1123.)

BRACTÉATES.

581. Un lot de dix-sept bractéates de Metz, Bâle, Strasbourg, &c.

MONNAIES ÉTRANGÈRES.

BRABANT.

582. *Philippe-le-Hardi.* — PHS DVX BVRG BRAB LIMB Z. Écusson devant un saint Pierre à mi-corps. OR.

583. *Philippe-le-Bon.* — PHS DEI GRA DVX BVRG. BRAB Z LIMB. Écusson. ℟. MONETA NOVA DVC BRABANT. Croix. Sol. (*Ibid.*, nº 2053.)

584. Autre sol avec COM HOLD.

585. *Charles-le-Téméraire.* — KAROL DEI GRA DX BG BRA. Z. LI. Deux lions assis et affrontés. ℟. SALVV, &c. Croix fleuronnée. Double briquet d'Anvers. (*Ibid.*, nº 2055.)

586. *Maximilien et Philippe.* — MO ARCHIDVCV AVST BG BR DS ML. Armoiries. ℟. BENEDIC ANIMA MEA DNO. Denier d'un gros et demi de Malines. *Rare.* (*Ibid.*, n° 2068.)

PETITS DYNASTES DU BRABANT.

587. *Valerand de Born.* — WALRA BORENE. ℟. MONETA BORENES.

588. WALRAN VAN BVREN. ℟. MONETA BVRREN. (2 pièces.)

589. WALRAN VAN B. ℟. MONET BOR.

590. WALRAN VAN BO. ℟. WALRAN VAN BOR. (3 pièces.)

591. WALRAN VAN BOR. ℟. MONETA BORNENE. (4 pièces.)

592. WALRAN BORENS. ℟. MONETA BORNES. (4 pièces.)

593. WALRA VE VANBO. ℟. MONETA BORNEN.

594. WALRAN VAN BO. ℟. MONETA BORNEN.

595. WALRA VEN BOR. ℟. MONETA BVRNEN.

596. WALRA VEN BVR. ℟. MONETA BVRNEM.

597. Surfrappées. (2 pièces.)

STEIN.

598. *Arnold de Stein.* — ARNOLDVS DE STE. ℟. MONETA STENE. (2 pièces.)

599. ARNOLDVS STEN. ℟. MONETA STENENS. (2 pièces.)

600. ARNOLDVS ...., ℟. MONETA STENIE.

601. ARNOLDVS STENE. ℟. ARNOLDVS D ST. (5 pièces.)

602. ARNOLD DE STEI. ℟. MONETA DE STEINENS. (3 pièces.)

603. ARNO DE STE. ℟. MONETA DE STENE.

REDEREN.

604. *Arnold de Stein.* — ARNOLDVS STENIE. ℟. MONETA REDIRS. (5 pièces.)

605. ARNOLDVS DST. ℟. MONETA REDERENS. (9 pièces.)

606. ARNOLDVS STE. ℟. MONETA REDEREN.

607. DVS. ℟. REDERE. (3 pièces.)

608. MONETA REDERE. ℟. MONETA REDERE. (3 pièces.)

RECKEIM.

609. *Arnold de Stein.* — ARNOLDVS STENE. ℟. MONETA REKENS.

610. ARNOLDVS STEIN. ℟. MONETA REKEN.

611. ARNOLDVS DST. ℟. MONETA REKINEN. (5 pièces.)

612. ARNOL . D ... ℟. MONETA REKEN. (2 pièces.)

613. ARNOLDVS DNS. ℟. MONETA REKE.

614. ARNOLDVS STEN. ℟. MONETA RE.

615. ARNOLDVS ARNOLD. ℟. MONETA RE.

616. ARNOLDVS .... ℟. MONETA KEKENS.

RENEN.

617. *Arnold de Stein.* — ARNOLDVS DE ST. ℟. MONETA RENE .. C. (2 pièces.)

618. MONETRE. ℟. MONETA REN ... (2 pièces.)

LIMBRICHT OU LIMBORGT.

619. *Valerand IV.* — WALRA COME. ℟. MONETA LIMBORT. (3 pièces.)

620. MONETA LIMBORENS. ℟. MALIAG MALIAG.

LIMBOURG (HOHEN-LIMBURG).

621. *Thierri IV.* — TDO COS LBOREN. ℞. MONETA LBORENCIE. (4 pièces.)

DEVENTER ?

622. *Arnold.* — ARNOLDVS .... ℞. ... DERVENT .... (4 pièces.)

623. Quarante-une pièces, de même nature que les précédentes, à déterminer.

Toutes ces monnaies, à partir du nº 588, sont au type des deniers de Louis de Crécy, comte de Flandre, c'est-à-dire que d'un côté il y a une croix qui le plus souvent coupe la légende, et, de l'autre, un grand L dans le champ entouré de rosaces; elles sont en billon noir et toutes *inédites*.

NAMUR.

624. *Guillaume Ier.* — WIL COM NAMVRC. Croix. ℞. MONETA NAMVRENS. Grand L dans le champ. BILL. (3 pièces.) *Inédite.*

625. COMES NAMVRES. Dans le champ, G COM N en trois lignes. ℞. MONETA NAMVR. Croix fleuronnée. (*Revue belge*, Ier, p. 367.)

FLANDRE.

626. *Louis de Crécy.* — LVD COM FLADRI. Croix coupant la légende. ℞. MONETA FLANDRIE. Grand L dans le champ. (5 pièces.)

627. LVDOVICVS COM. Dans le champ, FL. ℞. MONETA FLAND'. Croix. BILL. (2 pièces.)

628. LVD COM FLADRI. Croix cantonnée de GAND. ℟. MONETA GANDENS. Grand L.

629. LVNEON FLADRI. Croix coupant la légende. ℟. MONETA LECTII DIVAN. Même type. BILL. (2 pièces.)

Les six derniers articles faisaient partie de la même découverte que les monnaies précédentes, et elles sont de même nature; c'est ce qui les a fait placer ici.

UTRECHT.

630. Un demi-noble. OR.

TRÈVES.

631. *Bohémond.* — BOEMB' ABEPCS. Fleur de lis épanouie. ℟. Type de saint Jean-Baptiste. Florin. OR.

632. *Baudouin.* — BALDEWINVS. Buste mitré de face. ℟. ARCHIEPS TREVEN. Deux clefs en sautoir. AR.

633. BALD' ARCHIEPS. Même type. ℟. MONETA TREVER. Même type. AR.

634. *Henri II.* — HENRICVS. Buste à droite. ℟. TREVERENSIS. Clef accostée de S. P.

LEYDE.

635. Un grand écu d'argent de Jean de Leyde *(le prophète).*

636. Un jeton d'argent de la Société de l'Arquebuse. 1646.

COLOGNE.

637. S COLONIA en trois lignes. ℟. ODDO IVPIING. Croix. Denier. AR. (5 pièces.)

638. Denier donné à Pepin par Mader. AR.

639. *Walram, archevêque.*— VALR ARCHI. Buste mitré de face. Bordure de trèfles. ℞. MONETA BVRENS. Croix coupant la légende. Légende extérieure, BNDICTV, &c. Gros. AR.

HANAU.

640. *Jean Reinhard.* — IOHAN REINH COM IN HANAW ET ZW. Buste à droite. ℞. DNS IN LIECHTE, &c. Écusson. AR.

AREMBERG (MAISON D').

641. *Louis-Engelbert.* — LVD ENG. D. G. DVX ARENBERGÆ S. R. I. D. Tête à droite. ℞. X EINE MARCK. F. Écusson sur un manteau ducal. Écu d'argent.

SAXE.

642. *Jean-Georges III.* — IOHAN . GEORG . III D . G . DVX SAX TVL CLIV ET MONT. Buste à droite tenant une épée. ℞. ROM IMP, &c. 1686. Écusson surmonté de huit heaumes. Grand écu d'argent.

WURTEMBERG (MONTBELLIARD).

643. *Jean-Frédéric.*—IOHANN . FRID . D . G . DVX WIRTEMB ET TEC. Buste à droite. ℞. COM MONT DOM IN HEIDENHEM 1613. Écusson couronné. Double thaler. AR.

BAVIÈRE.

644. *Louis Ier.* — Deux beaux écus à flan bruni. 1835. Variés. AR.

AUTRICHE.

645. *Maximilien.* — . MAX . D . G . AR . AV . D . B . M .

PRVSS . ADMI. Le prince debout. A l'exergue, 1614. ℟. Le prince à cheval; autour, quatorze écussons. Grand écu en argent doré.

646. *Sigismond-François.* — . SIGISMVNDVS . FRANC . D . G . ARCHIDVX . AVST. Buste à droite. ℟. DVX BVRGVNDI COM . TIROLIS . 1665. Écusson couronné entouré du collier de la Toison-d'Or. Grand écu doré.

647. *Léopold.* — LEOPOLDVS . D . G . ARCHIDVX AVS DVX . ET . SAC . CAS Mti ET. Buste à droite. 1623. ℟. RELIQ . ARCHID GUBERNAT PLEN ET . COM . TIR . LAND ALS. Écusson couronné. Écu d'argent.

OLMUTZ.

648. *Charles, évêque.* — . DEI GRATIA CAROLVS EPISCOPVS OLMVCENSIS. Buste à droite. ℟. DVX LOTHAR . ET BAR . S . R . I RE . CA . BO . CO 1707. Armes sur une croix de Malte couronnée. Grand écu d'argent.

POLOGNE.

649. *Jean-Casimir.*— IOAN CAS REX. Tête laurée à droite. ℟. SOLID REGNI POLON 1660. Sol de cuivre.

650. *Frédéric-Auguste.* — . D . G . AVGVSTVS . III . REX POLONIARVM. Buste couronné à droite. ℟. SAC . ROM IMP . ARCHIM . ET ELECT 1755. Écusson couronné et accosté de deux palmes. Un grand écu et un huitième. AR.

SUÈDE.

651. *Gustave-Adolphe.* — GVSTAV . ADOLPH . DG . SVECIE COTH VAND . REX. Buste lauré à droite. ℟. PR . FINL . DVX. &c. Écusson couronné. OR.

652. *Christine.* — CHRISTINA D . G . &c. Buste à mi-corps à gauche. ℟. Le Père Éternel debout. Écu d'argent. (2 pièces.)

ANGLETERRE.

653. *Édouard V.* — Gros frappé à Londres. AR.

654. *Richard II.* — RICARD REX ANGLIE. Tête de face. ℟. CIVITAS LONDON. Type des esterlins. Demi-esterlin. AR.

655. *Édouard VI.* — EDWARD' VI . D . G . AGL FRA Z HIB REX. Buste. ℟. POSVI DEV, &c. Gros. AR. (4 pièces.) Deux variétés.

656. *Cromwell.* — OLIVAR D GR D ANG SCO HIB Q PRO. Buste à gauche. ℟. PAX QVÆRITVR BELLO. Écusson couronné. Schelling. AR.

657. *Anne.* — ANNA D G . REGINA MAGBRIT FR ET HIB, &c. Buste fraisé à gauche. ℟. ASTVTIA FALLAX TVTIOR INNOCENTIA. Écusson couronné. AR.

658. *Georges I*er. — Une demi-guinée. Au revers, quatre écussons en croix et quatre sceptres. OR.

659. *Georges III.* — Un schelling au même type.

660. *Georges IV.*— Une pièce de deux schellings, un schelling et un demi. AR.

661. *Guillaume IV.* — Une pièce ou médaille d'argent.

ÉCOSSE.

662. *Jacques I*er.— Gros d'Édimbourg à la tête de face. BILL.

663. *Marie Stuart et Henri Darnley.*— MARIA ET HENRIC' DEI GRA RET R. SCOTORV. Écusson couronné. ℟. EXVRGAT DEVS ET DISSIPENT INIMICI EI'. Palmier couronné. 1566. Grand écu d'argent.

664. *Jacques II.* — IACOBVS D . G . MA' BRI' FRA' ET MI' REX. Buste couronné à droite. HENRICVS ROSAS REGNA IACOBVS. Écusson couronné (OR) et une petite pièce d'argent au type du chardon.

PORTUGAL.

665. *Dona Maria.* — Une pièce de 1,000 reis en or et une de même valeur en argent, toutes deux à effigie.

ESPAGNE.

666. *Ferdinand et Isabelle.* — FERDINANDVS ET ELISABET D . G. Grand F couronné dans le champ et accosté de deux S. ℟. REX ET REGINA CAST LEGI. Grand Y couronné dans le champ et accosté de deux étoiles. OR.

667. *Ferdinand.*— FERDINANDVS DG REX. Buste couronné à droite. ℟. CASTILIE ARA COMES B. Armes couronnées. OR.

668. Huit pièces à légendes arabes de différents modules. OR.

669. Trente monnaies en argent de même nature et de modules variés.

ITALIE.

670. *Sienne.* — SENAVETVS. Dans le champ, S. ℟. ALFA ET O. Croix. (Lelewel, pl. xv, n° 16.) BILL.

671. SENAVETVS CIVITAS VIRGINIS. La louve allaitant les jumeaux; au-dessous, 1548. ℟. ALPH ET. &c. Dans le champ, LIBERT. BILL.

GÊNES.

672. *Bernabo.* — B C . DVX IANVEN XXX. Armes. ℟. . CONRADVS REX ROM MO II. Croix. OR.

MILAN.

673. *Galéas Sforze.* — G . S . DVX MEDIOLANI D IANVE. Même type. ℟. Mêmes légende et type. OR.

674. GALEA SF VICECOMES DVS M. Buste à droite. ℟. D ANGLE . D . CO AC IANVE. Une guivre. OR.

675. GALEAZ . M . SF . VICECO . DVX . MILI . QIT. Buste à droite. ℟. PP ANGLE , &c. Teston. AR.

MANTOUE.

676. *Guillaume.* — GVLIE DVX MANT III MAR MONTEF. Armes. ℟. QVI NON COLIIGT *(sic)* MECVM DISPERGIT. Croix cantonnée de GV . GV. Ducat. OR.

677. GVLIELMVS MAR MONTFER . C. Buste à gauche. ℟. SACRI RO IMP. PRINC VICA. Armes. Teston d'argent.

VENISE.

678. *André Dandolo, doge.* — ANDR DAN ... DVX. Saint Marc tenant une bannière. ℟. S. MARCVS VENET. Lion debout. AR.

SAVOIE.

679. *Louis.* — LVDOVICVS. Croix. ℟. DE SABAVDIA. Temple. Denier. BILL.

680. LVDOVICVS DVX SABAVDIE. Le duc armé à cheval. ℟. MARCHIO IN ITALIA PRINC. Guivre. FERT. OR.

Cette pièce du beau-père de Louis XII est fort curieuse.

SUISSE.

681. *Lausanne.* — SEDES LAVSANE. Temple. ℞. CIVITAS EQSTRIVM. Croix. Denier. (*Rev. num.*, 1838, pl. VII, n° 4.) Variété.

682. *Zurich.* — MON NO THVRICENSIS CIVITATIS IMPERIALIS. Deux lions soutenant un écu. ℞. DOMINE CONSERVA NOS IN PACE. Aigle à deux têtes. Thaler d'argent.

683. *Genève.* — Deux écus et une pièce de 6 florins. AR.

RÉPUBLIQUE ARGENTINE.

684. *Rosas.* — RESTAVRADOR DE LAS LEYES. Buste à gauche ; en dessous, ROSAS. ℞. REPVB ARGENT CONFEDERADA. Armes. A l'exergue, R 1842. OR.

MÉDAILLES ET JETONS.

685. D SIGISMVNDVS . PANDVLFVS . DE MALATESTIS ARIMINI FANI. Buste. ℞. ISOTE . ARIMINENSI. Buste ; en dessus, OPVS PISANI PICTORIS. Module, 8 centimètres. BR.

686. D. ISOTTAE ARIMINENSI. Buste de femme à coiffure très bizarre. ℞. Éléphant. A l'exergue, M CCCC XLVII. BR. Module, 8 centimètres. *Médaille des Pisans.*

687. DIVVS LODOVICVS IIII PATER AVCTOR REGNI REX FRANCIE. Buste à gauche. Sans revers. BR. Module, 8 centimètres 1/2. *Médaille coulée.*

688. COR. A. MIEROP D. G. PPTS ET ARHP. TRA. ÆT. S. 48. Buste à gauche. ℞. DVRVM PATIENTIA

FRANCO. A. 1558. Armes. A l'exergue, STE. H. FEC. BR. Module, 7 centimètres 1/2.

689. LVDOVICVS XIII D. G. FRANCOR. ET. NAVRRÆ REX. Buste à droite; en dessous, DVPRE F. ℞. ANNA AVGVS. GALLIÆ ET NAVARRÆ REGINA. Buste à droite avec une large fraise. Exergue, G DVPRE F 1670. BR. avec bélière. Module, 6 centimètres.

690. PACEM TERRIS INDIXIT ET VNDIS. Buste à droite. A l'exergue, LVD XIII FRANC ET NAV REX. ℞. TVTVM IN IMPORTVOSO LITTORE PORTVM STVXIT. ANNO M. D. C. LXVI. Vue d'un fort. BR. doré avec bélière. Module, 6 centimètres 1/2.

691. CATERINA DE MEDICIS REGI FRANCO. Buste à droite; derrière, PRIMAVERA. Sans revers, CVI. Module, 63 millimètres.

692. MARIA AVSTR. REG BOEM CAROLI V IMP. FI. Buste à gauche. ℞. CONSOCIATIO RERVM DOMINA. Type de la Paix. BR. Module, 6 centimètres.

693. MARGA. A. CASLAGEN. IOAC. POLITA CONIVX. Buste à gauche. Sans revers. BR. Module, 6 centimètres 1/2.

694. MARCVS CROTO. Buste nu à droite. ℞. VICTORIÆ AGVSTE. Empereur à cheval; en dessous, un casque et un bouclier. S. C. BR. Module, 6 centimètres.

695. PETRVS . BRICONNET . MILES FRANCIÆ GENERALIS. Buste à droite; en dessous, M. CCCCC III. ℞. DITAT SERVATA FIDES. Deux enfants debout tenant une corne d'abondance. BR. Module, 6 centimètres.

696. HENRICVS II GALLIARVM REX INVICTISS. P.P. Buste lauré et cuirassé à droite. ℞. RESTITVTA REP SENENSI. LIBERTATIS OBSID MEDIOMAT. PARMA.

MIRAND. SANDAMI ET RECEPTO HEDINIO. ORBIS CONSENSV. 1552, en neuf lignes dans le champ. BR. Module, 52 millimètres.

697. Mêmes légende et buste. ℞. OB RES IN ITAL ET GAL FORTITER AC FOELIC GESTAS. Char traîné par quatre chevaux; dans le char, l'Abondance et la Paix; devant, la Renommée; en dessus, EX VOTO PVB 1552. BR. Module, 52 millimètres.

698. FRAN . A . BONA . D . DESDIGVIERES . P . ET CONESTABILIS. Buste à droite. ℞. GRADIENDO ROBORE . FLORET : Armes. BR. Module, 46 millimètres.

699. *Trivulce.* — IO . IA . TRI . MAR . VIG . FRAN . MARES. Buste lauré à droite. ℞. NEC CEDIT VMBRA SOLI. Buste à droite. AR. Module, 4 centimètres.

700. IOANNS FRIDERICVS ELECTOR DVX SAXONIE FIERI FECIT . ETATIS SVÆ 32. Buste à droite tenant une épée. ℞. SPES MEA INDEO EST . ANNO NOSTRI SALVATORIS M. D XXX V. Armes richement ornées. AR. DORÉ. Module, 65 millimètres. *Très belle pièce.*

701. IACOBVS ET MARIA DG MAG BRI FRAN ET HIB REX ET REGINA. Deux bustes à droite. ℞. SEMPER TIBI PENDEAT HAMVS. Vaisseau et chaloupes en mer. A l'exergue, NAVFRAGA REPERTA. 1687. AR. Module, 51 millimètres.

702. STANISLAUS I D.G. REX POL. MAG. DVXI IT LOTH ET BAR. Buste à droite. ℞. UTRIUSQUE IMMORTALITATI. Statue. Exergue, CIVITAS NANCEIANA. MDCCIV. AR. Module, 49 millimètres.

703. Médaille de Frédéric-le-Grand. AR. Module, 44 mill.

704. Médaille pour la paix de Nimègue, au type de l'arche. AR. Module, 41 millimètres. Frappée à Strasbourg

705. *Charles de Lorraine.* — Sa généalogie et les événements

de sa vie en quinze lignes dans le champ. ℟. Armes; en dessous, DOMINVS PROVIDEBIT. AR. Module, 4 centimètres.

706. *Ferdinand VI de Portugal* au ℟. du zodiaque. AR. Module, 33 millimètres.

707. *Philippe de Montmorency, abbé de Horn.* — Un écu d'argent avec saint Martin à cheval.

Cette pièce est une monnaie et non une médaille.

708. Trois écus d'argent du pape Grégoire XV.

709. Quatre médailles dorées : Jeanne d'Albret, reine de Navarre *(curieuse)*; Henri IV; Maurice de Nassau et Louis XV.

710. Six médailles en cuivre et bronze : saint Ignace; Calixte III, pape; cardinal de Richelieu; François Ier; Antoine de Bourgogne, et Charles X, cardinal de Bourbon.

711. Un lot de sept médailles en cuivre, plomb et bronze.

712. Un lot de cinq médailles de bronze : Charles-Quint; au ℟., les Titans foudroyés; et une pièce gravée au burin, qui est la pièce commémorative de la construction d'un *sacellum* à l'abbaye de Notre-Dame-des-Anges (Manche), sous lequel elle fut placée.

713. Un lot de neuf pièces en cuivre, dont deux médailles satyriques allemandes.

714. Un lot de seize pièces argent et bronze.

715. Un lot de vingt-une pièces.

716. Trente-deux pièces : essais de monnaies d'Angleterre et de Suisse.

717. Trente-trois pièces : essais divers et autres pièces. AR. et cuivre.

718. Six clichés de médailles, dont un de Suchet est rare.

719. Vingt-six monnaies anglaises en argent.

720. Quatorze bronzes romains, dont quatre médaillons du Padouan.

721. Huit autres bronzes romains, dont deux rares : *Macrin* M.B et *Allectus* P.B.; un *Julien II* (AR.) et un *Géta* en or qui paraît coulé sur l'argent. (10 pièces.)

722. Dix-neuf jetons en argent.

723. Quarante jetons en cuivre tous variés, la plupart beaux et curieux.

724. La série de la monnaie de cuivre du pape Pie IX. (4 pièces.) Beaux exemplaires.

725. Un lot de huit baronales oubliées, parmi lesquelles un denier de Sanche, roi de Mayorque (*Revue num.*, 1852, p. 56, vignette), et un denier primitif de Lausanne. *Inédit.*

726. Un lot de dix-huit monnaies du moyen-âge à étudier. (Voir la *Revue num. belge.*)

727. Un lot de cent baronales. Nombreuses variétés.

728. Un autre lot de cent baronales. Nombreuses variétés.

729. Un autre lot de cent baronales. Nombreuses variétés.

730. Un autre lot de cent baronales.

731. Sous ce numéro seront vendues les pièces doubles ou oubliées.

ANTIQUITÉS ET OBJETS D'ART.

732. Une clef romaine en bronze.

733. Une paire de bracelets gaulois en bronze.

734. Deux coins gallo-romains en cuivre.

735. Deux moules en terre cuite trouvés à Autun ; l'un représente l'enlèvement d'Europe, l'autre un amour.

736. Un moule en terre cuite d'une oreille.

737. Trois bulles en plomb : l'une d'un prince d'Orange ; l'autre d'un pape pour le comtat Venaissin ; la troisième, avec la mitre dans le champ, pour la ville d'Avignon.

738. Une médaille du président Jeannin. Sans revers. Diamètre, 18 centimètres 1/2. BR.

739. Deux médaillons, l'un de saint Félix et l'autre de saint Sébastien, en cuivre doré et au repoussé. Hauteur, 9 centimètres 1/2.

740. Un beau médaillon de Napoléon Ier, par Andrieu, couvert d'un verre bombé. Module, 14 centimètres. Plomb ou étain.

OUVRAGES DE NUMISMATIQUE.

741. BOUTEROUE, *Recherches curieuses sur les Monnaies de France* ; Paris, M D C LXVI. Un vol. relié en veau. Reliure ancienne. Bel exemplaire.

741. HENNIN, *Histoire numismatique de la Révolution française*. Deux vol. en un. Cart., dos en veau rouge.

FIN.

FONTENAY-LE-COMTE, IMPRIMERIE DE ROBUCHON.

www.ingramcontent.com/pod-product-compliance
Ingram Content Group UK Ltd.
Pitfield, Milton Keynes, MK11 3LW, UK
UKHW022124260726
13993UKWH00003B/1211

9 782329 266015